Erich Bauer

Jahreshoroskop 2024

Im Glanz der Sonne

Impressum
Verlag & Herausgeber
Masterbrain GmbH, Roseggerweg 148
A-8044 Graz, Österreich
Independently published
info@masterbrain.com
Illustrationen, Grafiken: Adobe Stock
Photos Erich Bauer: Werner Krug
Autor: Erich Bauer
Layout & Cover: Elisabeth Koch, MBA

INHALTSVERZEICHNIS

JAHRESHOROSKOP 2024:

Im Glanz der Sonne

Willkommen in der mystischen Welt des Jahres 2024, das von der majestätischen Sonne regiert wird. Alle anderen Planeten müssen sich nach ihrem Willen richten, denn ihre Strahlen sind von großer Bedeutung für unsere Zukunft. Wenn wir an die Sonne denken, erscheint uns sofort der Sommer vor unserem inneren Auge, mit seinen sonnendurchfluteten Tagen und der Möglichkeit, die Natur zu genießen. Wir sehen blühende Wiesen, auf denen goldene Blüten um unsere Aufmerksamkeit buhlen, und Bäume, die wie für eine festliche Hochzeit den blauen Himmel schmücken.

Doch die Sonne hat auch eine dunkle Seite, die uns im Jahr 2024 begegnen wird. Der Herbst und der Winter werden uns daran erinnern, dass nicht alles immer strahlend und schön sein kann. Die Sonne hat zwei Gesichter, und beide werden wir kennenlernen. Doch seien Sie beruhigt, denn wir werden nicht überwiegend von unangenehmen Einflüssen heimgesucht. Das kommende Jahr bringt uns eine ausgewogene Mischung. Halb positiv, halb negativ. Diese Erkenntnis sollten wir immer vor Augen halten, wenn wir in schwierigen Zeiten stecken. Denn diese werden nicht von Dauer sein.

Außerdem spielt die Beziehung der anderen Planeten zur Sonne eine wichtige Rolle. Besonders die langsamen Planeten, die das ganze Jahr über im gleichen Sternzeichen verweilen, haben einen Einfluss auf uns. Jupiter, Saturn, Uranus, Neptun und Pluto gehören zu dieser Kategorie. Lassen Sie uns genauer auf Pluto eingehen, der seit einiger Zeit kritisch von Astrologen und Hellsehern betrachtet wird. Ihm werden oft Probleme und sogar Krisen zugeschrieben. Am 21. Januar betritt Pluto das Tierkreiszeichen Wassermann, in dem er nach einer kurzen Pause im Herbst für die nächsten 15 Jahre verweilen wird. Pluto steht für das Prinzip der Vergänglichkeit und bringt Transformationen mit sich. Im Wassermann geht es um Erneuerung, Verbesserung, Erfindung, Selbstgestaltung und Idealismus. Mit Pluto könnten auch unangenehme Ereignisse wie Aufstände und Revolutionen einhergehen. Es bleibt spannend.

Neptun verweilt das ganze Jahr im Tierkreiszeichen Fische, was aus astrologischer Sicht für Frieden steht. Dieser Frieden entsteht, wenn wir uns nicht zu sehr auf Äußerlichkeiten fixieren, sondern auf innere Werte. Immer mehr Menschen könnten beispielsweise mit der Meditation beginnen. Auch Saturn befindet sich das ganze Jahr im Tierkreiszeichen Fische. Normalerweise sorgt Saturn für Ordnung, doch im Zeichen der Fische ist er nicht mehr so stark. Das bedeutet, dass Institutionen, die für Ordnung sorgen, schwächer werden könnten, während andere, wie beispielsweise die Kirchen, an Bedeutung gewinnen. Wie genau sich das auf jeden Einzelnen auswirkt, lässt sich nicht vorhersagen. Wir können jedoch hoffen, dass Saturn in die gleiche Richtung wie Neptun wirkt und den Weg zur Meditation unterstützt.

Uranus verweilt im Tierkreiszeichen Stier, wo er bereits die letzten beiden Jahre verbracht hat. Uranus bringt Wassermann-Energie mit sich, die darauf abzielt, die Welt menschlicher zu gestalten. Letztendlich könnte dies bedeuten, dass Geldmittel im Allgemeinen weniger wichtig werden. Natürlich ist das eine Illusion, aber es wird in diese Richtung Veränderungen geben.

Jupiter verweilt bis zum 25. Mai im Tierkreiszeichen Stier, was bedeutet, dass sich aus astrologischer Sicht vorerst nicht viel ändern wird. Doch dann betritt Jupiter das Tierkreiszeichen Zwillinge und öffnet Türen und Pforten für Veränderungen.

Sie fragen sich sicherlich, was all dies für Sie bedeutet. Die Antwort darauf ist für jeden individuell. Erfahren Sie mehr über Ihr Sternzeichen auf den folgenden Seiten. Hier noch ein Rat für alle, unabhängig von Ihrem Sternzeichen: Unruhige Zeiten stehen bevor. Doch es gibt eine astrologische Antwort darauf, nämlich sich nicht zu sehr von äußeren Einflüssen leiten zu lassen. Wir haben das Glück, dass Neptun im Tierkreiszeichen Fische steht. Das öffnet eine Tür in eine Welt, in der wir Sicherheit finden können. Alles, was wir tun müssen, ist die Augen zu schließen, in uns hineinzuspüren und zu danken.

Herzlichst, Ihr

Erich Bauer

FISCHE

(20. Februar bis 20. März)

Die Sonne gibt 2024 den Ton an. Für Sie ist das Glück. Denn zwischen ihr und Ihrem Sternzeichen Fische besteht eine gute Beziehung, so dass Sie unmittelbar von ihrer Regentschaft profitieren. Sie können ganz sicher sein, es wird 2024 niemals richtig unangenehm. Es gibt immer einen Ausweg – selbst wenn es einmal schwierig wird. Saturn steht das ganze Jahr über in Ihrem Tierkreiszeichen. Das ist gleichbedeutend damit, als würde dieser Planet Pause machen und Sie damit in Ruhe lassen. An allererster Stelle bedeutet das, dass Ihr Leben leichter wird. Sie haben weniger Stress, Ihre Arbeit ist überschaubar, lässt sich ohne Überstunden bewerkstelligen, und Sie müssen auch nicht immer alles allein machen, sondern bekommen von überall her Hilfe und Unterstützung. Das setzt jetzt allerdings auch voraus, dass Sie „mitspielen". Gemeint ist, dass Sie sich auch selbst mehr Ruhe und Entspannung zugestehen. Es könnte nämlich auch sein, dass Sie sich Sorgen machen und sich erst recht anstrengen. Das wäre ganz falsch. Sie sind 2024 freigesprochen, dürfen sich gehen lassen. Neptun befindet sich ebenfalls in Ihrem Sternzeichen. Da war er sich auch schon die letzten drei Jahre. Aber erst jetzt, durch die Anwesenheit von Saturn, ist er für Sie richtig nahe. Damit öffnet sich eine Türe in das Reich der Mystik. Niemanden sonst fällt das jetzt leichter. Sie brauchen sich nur ein wenig Zeit nehmen, die Augen schließen, sich auf den Moment einlassen, und Sie erfahren das Glück, das schöner ist als alles andere. Die Teilnahme in der mystischen Welt bereichert auch Ihren Alltag. Sie haben mehr Vertrauen und fühlen sich sicher. Tauchen Probleme auch, Ziehen Sie sich zurück in Ihre Welt der Mystik.

LIEBE

Sicher wissen Sie, dass Ihr Sternzeichen "Fisch-e", also Plural, Mehrzahl, lautet. Das ist als Hinweis zu verstehen, dass Sie zwei Seiten in sich tragen, ein "Ja" und ein "Nein". So sehnen Sie sich zum Beispiel mit Ihrem ganzen Sein nach einer erfüllten Liebe, einer engen Partnerschaft und sind bereit, Ihr eigenes Ich dafür aufzugeben. Aber das Nein ist genauso stark, auch wenn es nicht immer deutlich zu vernehmen ist. Im Jahr der Sonne, also 2024, erleben Sie eine Liebe, die Ihre beiden Seiten erfüllt: Hingabe und Selbständigkeit, Bindung und Freiheit. Single begegnen einem Wesen, das Sie so liebt, wie Sie sind mit all ihren Schönheiten und auch den kleinen „Macken". Ja, es ist sogar so, dass es gerade die kleinen Ungereimtheiten und Widersprüche sind, die das Feuer der Liebe stärken. Paare erleben eine Harmonie und ein Verständnis, wie schon lange nicht mehr. Für die Singles wird ebenfalls großzügig gesorgt. Sie werden ein wenig sanfter. Genau das steigert Ihre Beliebtheit. Nicht übelnehmen, wenn Ihnen jetzt Jupiter auch noch eine kleine Lektion mit auf den Weg gibt. Es ist gut gemeint: Sie sind eine total liebesfähige Frau. Die Bemerkung in gewissen Astrobüchern, Sie seien kühl oder gar unterkühlt, ist Unsinn. Aber Sie lassen dem anderen oft nicht den Raum, den er braucht, um richtig warm zu werden. Wenn Sie hier manchmal abwartender und passiver werden, profitiert Ihre Liebe im Sonnenjahr 2024 ganz enorm, und Sie werden es ganz bestimmt nicht als Single beenden.

Sternenzauber:
Rätselhaft, seelenvoll,
mystisch, erfolgreich

KARRIERE

Im Frühjahr kommt es zu einer spannenden Begegnung zwischen Uranus und Jupiter. Das sieht so aus, als würde ein Samen in Ihnen aufgehen. Das kann sich auf eine Beförderung im Beruf oder eine neue Tätigkeit beziehen, die Ihnen mehr Freude macht. Auch das ist möglich, dass damit ein Mensch gemeint ist, der in Ihr Leben tritt und es bereichert. Genaues oder auch Konkretes wird nicht verraten. Saturn in Ihrem

Sternzeichen brütet etwas für Sie aus. Vielleicht passt Ihnen das nicht, wenn Sie nicht wissen, was auf Sie zukommt. Aber daran müssen Sie sich gewöhnen. Denn Neptun steht ebenfalls in Ihrem Sternzeichen. Da werden Sie im kommenden Jahr immer wieder einmal vor Rätseln bzw. einem Fragezeichen stehen. Dann brauchen Sie Vertrauen. Der Kosmos lässt sie 2024 ganz bestimmt nicht im Stich. Im Gegenteil, er nimmt Sie an der Hand und führt Sie auf den richtigen Weg. Sind Sie nicht mehr berufstätig, kommt für Sie ganz besonders der Aspekt zu tragen, der bereits erwähnt wurde, nämlich die Konjunktion zwischen Uranus und Jupiter. Legen Sie, ganz egal, wie alt Sie sind, bloß nicht die Hände in Ihren Schoß, sondern stürzen Sie sich in eine neue Tätigkeit. Das kann ein Hobby sein oder eine Weiterbildung zum Beispiel in einem Volkshochschulkurs.

CHARAKTER	Introvertiert, idealistisch, selbstlos
PERSÖNLICHES AUFTRETEN	Rätselhaft, zurückhaltend
FÜHLEN	Innig, seelenvoll
STEIN	Opal
TIER	Delphin
PFLANZE	Mohnblume
ESTER TAG	Freitag

JANUAR

Liebe Sie werden Glücksmomente in der Liebe spüren. Das hat drei Gründe. Durch Saturn und Neptun in Ihrem Sternzeichen sind Sie bei sich, in Ihrer Mitte. Das schafft Unabhängigkeit. Sie brauchen keinen Partner, der Sie hätschelt, Ihnen geht es von sich aus gut. Da ist da auch noch Jupiter. Er lässt Sie strahlen, weil Sie selbst so glücklich sind. Und Mars hilft Ihnen Selbstbewusstsein auszustrahlen.

Erfolg Eine neue Ära kann beginnen! Streichen Sie negativen Erfahrungen, Rückschläge, Enttäuschungen, Pech, im schlimmsten Falle Pleiten aus Ihrem Gedächtnis. Das war einmal! 2024 finden Sie zu sich, wissen plötzlich ganz genau, wo Ihre Stärken liegen und fühlen sich berufen. Das ist wirklich eine Phase, in der es Ihnen wie Schuppen von den Augen fällt, Sie alles klarer sehen.

Gut für Das Jahr ist reif für ein Projekt, das Sie und Ihren Partner zusammenschweißt.

Schlecht für Kneifen wird von Saturn mit der roten Karte bestraft

Die besten Sternepartner Krebs, Jungfrau

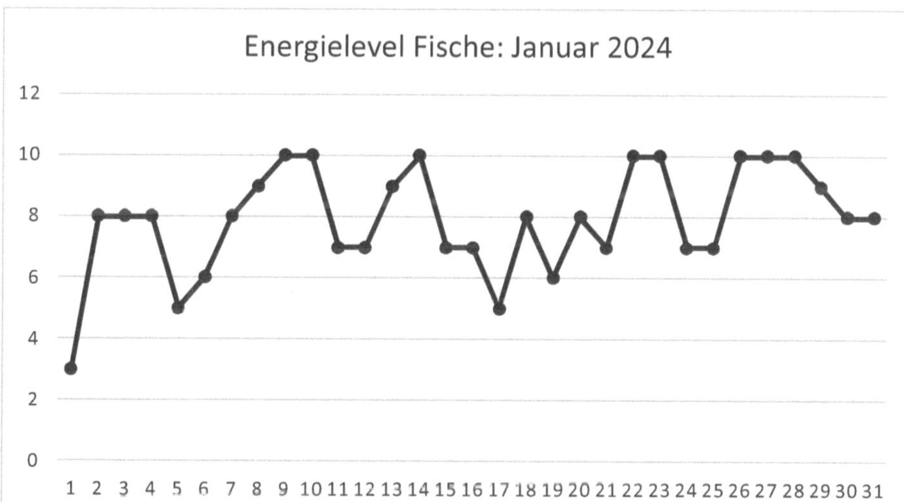

FEBRUAR

Jetzt befindet sich Pluto im Sternzeichen Wassermann, wo er beinahe 20 Jahre bleibt. Da ist es bestimmt nicht falsch, sich jetzt schon darauf einzustellen: Pluto verlangt Veränderung. Es heißt, Gewohnheiten loszulassen, um dadurch Neuem, Besserem Platz zu machen.

♥ ***Liebe*** Der Februar ist ein wunderbarer Monat, um Ihre Liebe zu festigen. Dazu braucht es keine großen Geschenke, sondern einfach, dass Sie Ihr Herz zeigen. In der zweiten Monatshälfte kann dann etwas ganz anderes passieren, nämlich das Sie eifersüchtig werden.

🏆 ***Erfolg*** Routine ist langweilig und führt auch zu keinem Extra-Geld. Wenn Sie gewinnen wollen, müssen Sie bereit sein, etwas zu wagen. Gleichzeitig verkündeten die Sterne aber auch, dass Sie sich nicht zu weit aus dem Fenster lehnen sollen. Schwierig, nicht wahr?

👍 ***Gut für*** Weniger Geld ausgeben

☹ ***Schlecht für*** Durchhängen lassen

✨ ***Die besten Sternepartner*** Stier, Krebs, Jungfrau

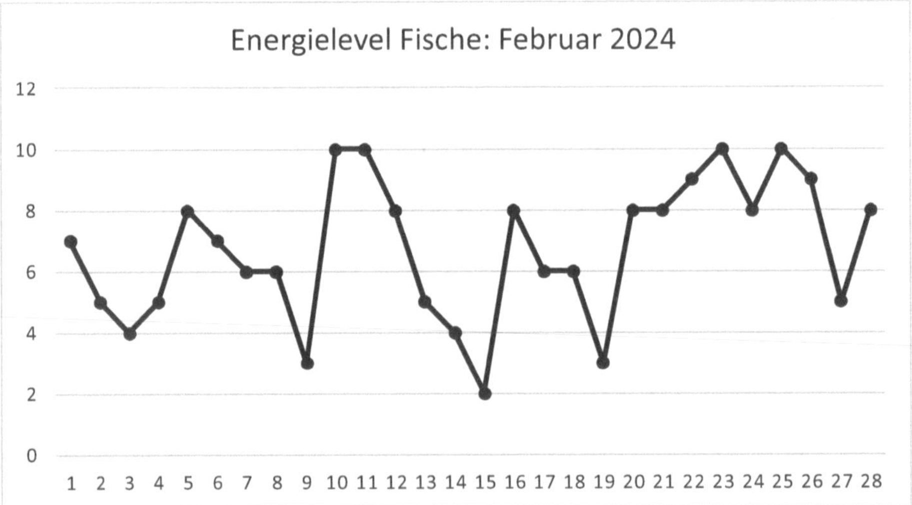

MÄRZ

♥ ***Liebe*** Venus steht ab dem 12. März in Ihrem Sternzeichen, und am 23.kommtMars und hakt sich bei ihr unter. Das kann nur bedeuten, dass Liebe vom Himmel fällt. Sie sind wahrlich das glücklichste Sternzeichen unter allen. Sie können traumhafte Stunden erleben, mit Ihrem jetzigen oder – wenn Sie gerade Single sind – mit Ihrem neuen Partner.

Erfolg In punkto Karriere sind Sie ehrgeizig, super-engagiert und bereit für jeden Sprung nach oben. Wenn Sie zwischen einem vergnüglichen Abend mit Ihrem Herzblatt und einer Teamsitzung bis tief in die Nacht zu wählen haben, entscheiden Sie sich deshalb eher für letzteres. Schuld daran ist Merkur und wirklich gute Positionen von Jupiter, Saturn und Pluto. Ihr Engagement zahlt sich im wahrsten Sinne des Wortes aus. Rechnen Sie mit mehr Geld.

Gut für Selbstüberwindung

☹ ***Schlecht für*** Ego

✦ ***Die besten Sternepartner*** Steinbock

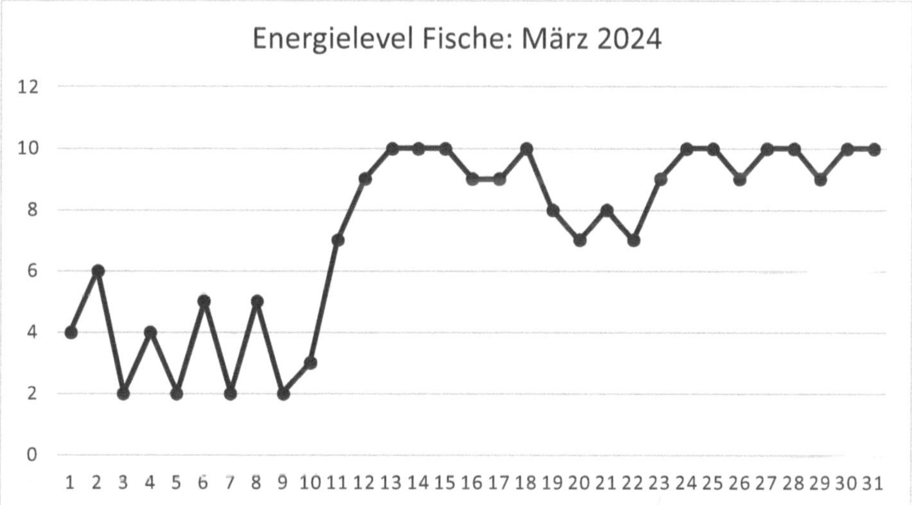

Ihre ganz persönlichen Sterne im

APRIL

♥ ***Liebe*** Mars steht in Ihrem Sternzeichen und kümmert sich um Sie. Das ist beinahe so etwas wie eine Garantie, einen Menschen kennenzulernen, der Ihr Innerstes in Aufruhr versetzt. Beste dating-time ist rund um den Neumond am 8. und dann wieder zum Vollmond am 23. April.

🏆 ***Erfolg*** Saturn und Mars befinden sich in Ihrem Zeichen Fische. Ihre Botschaft: Weniger arbeiten, aber dafür mehr Zeit haben für die schönen Dinge des Lebens. Natürlich geht das nicht immer. Aber bestimmt geraten Sie in Situationen, in denen Sie sich für das eine (Stress) oder das andere (Entspannung) entscheiden dürfen.

👍 ***Gut für*** Ihre Finanzen.

☹ ***Schlecht für*** Halten Sie sich von Geschäften zurück, die nicht solide sind

✨ ***Die besten Sternepartner*** Steinbock, Jungfrau

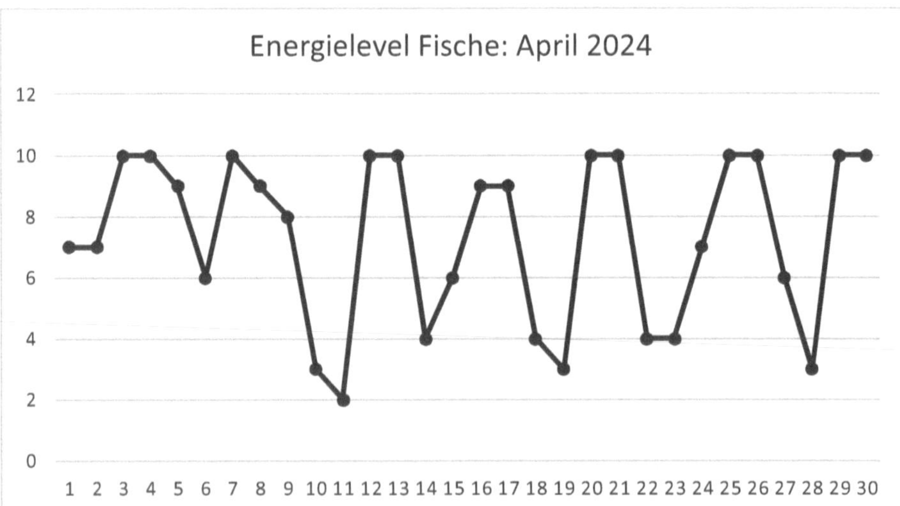

MAI

Liebe Der Liebesplanet Venus steht fast den ganzen Monat über sehr günstig. Das verleiht Ihnen mehr Charme und mehr Lust. Gut möglich, dass Sie im Mai ein Erlebnis haben, das Sie glücklich macht. In der zweiten Hälfte des Monats begegnen sich Sonne und Jupiter. Das verleiht Ihnen Überzeugungskraft.

Erfolg Sie haben tolle Sterne und können Ihr Lebenswerk vorantreiben, sich in den Vordergrund schieben, mehr Geld verlangen, heiraten, in eine neue Wohnung ziehen. Alles, was Sie bisher erreicht haben, können Sie absichern. Nach dem 20. des Monats sollten Sie jedoch neue Initiativen unterlassen. Jetzt ist es wichtig, dass Sie sich Ruhe und Entspannung gönnen.

Gut für Probleme aus der Welt schaffen.

Schlecht für Nicht auf Ihre Gesundheit achten!

Die besten Sternepartner Jungfrau

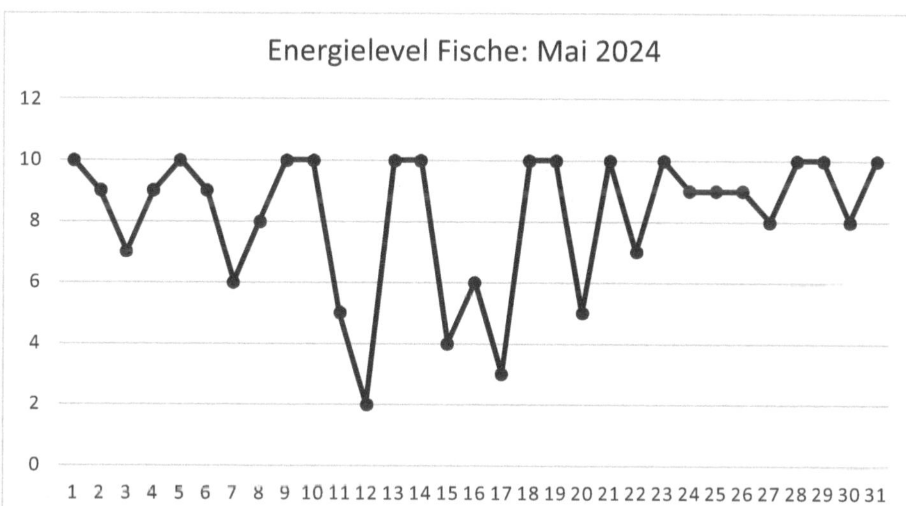

JUNI

Liebe Ab 10. Juni bezieht Mars eine Position, die Ihnen die Sicherheit schenkt, Ihren Gefühlen noch mehr zu vertrauen, sich fallen zu lassen. Und die Sterne sagen, spätestens am 17. des Monats bezieht Venus eine Position, die besagt: es fangen Sie starke Arme auf. Vielleicht haben Sie besonderes Glück, und diese Arme gehören einer Jungfrau. Dann wäre alles bestens.

Erfolg Saturn befindet sich im Tierkreiszeichen Fische. Da stellt man Sie vor eine Aufgabe, bei der andere aufgeben. Aber Sie wachsen über sich selbst hinaus und schaffen ein positives Resultat. Berücksichtigen Sie aber auch den Planeten Uranus, der im Sextil zu Ihrem Sternzeichen steht. Da ist grundsätzlich immer damit zu rechnen, dass etwas Unerwartetes Leben passiert.

Gut für Mehr Chancen im Business

Schlecht für Vorsicht, Mars macht auch übermütig.

Die besten Sternepartner Widder, Krebs, Jungfrau, Stier

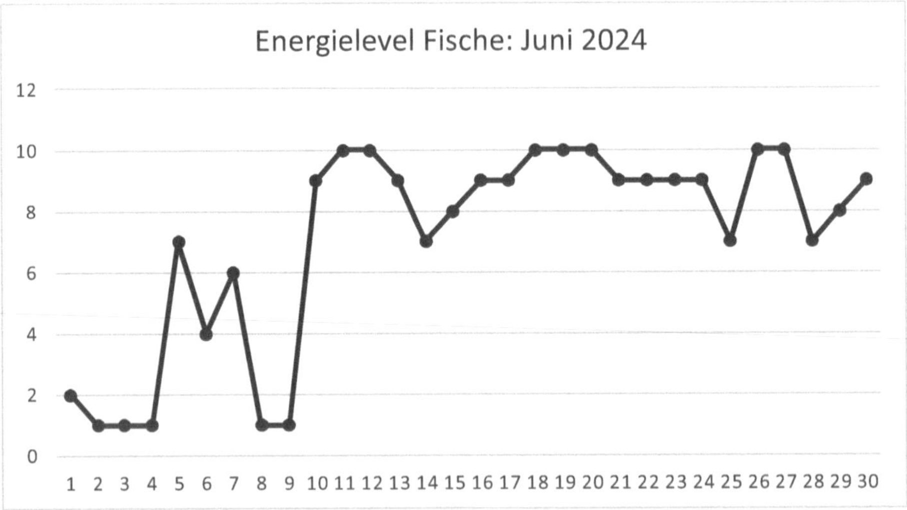

JULI

♥ ***Liebe*** Die Sonne und Venus befinden sich bis zur Monatsmitte in Ihrem 5. Solarhaus, das in der Astrologie schon immer als ein Zeichen für glückliche Verbindungen gilt. Man kann darauf wetten, dass Fische jetzt haufenweise zum Standesamt marschieren. Und natürlich steigt auch die Liebesrate in Ihrer Partnerschaft.

🏆 ***Erfolg*** Saturn ist im Juli besonders stark. Er steht in Ihrem Sternzeichen. Normalerweise fürchtet man ihn. Es heißt in der Astrologie häufig, wenn dieser Stern das eigene Sternzeichen betritt, sind damit Mühen und Plagen verbunden. Häufig ist das auch so. Aber nicht bei Ihnen. Sie dürfen sogar entspannen, und trotzdem läuft alles in Ihrem Sinn.

👍 ***Gut für*** Liebe wie im Märchen

☹ ***Schlecht für*** Leichtfertigkeit

✨ ***Die besten Sternepartner*** Stier, Steinbock, Fische

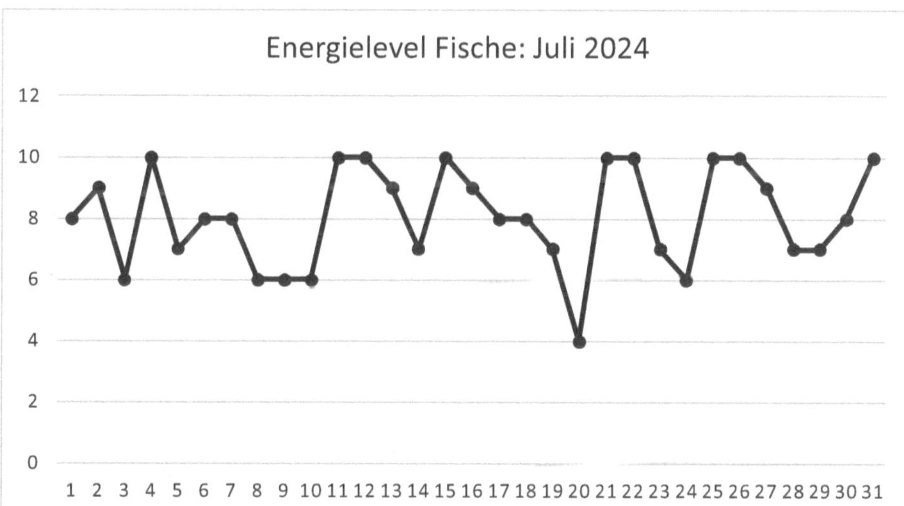

Ihre ganz persönlichen Sterne im

AUGUST

♥ ***Liebe*** Sie bemühten sich sehr darum, es jedem und allen recht zu machen. Nicht selten wurden Sie dabei enttäuscht. Die Konsequenz daraus – dafür ist Saturn, der in Ihrem Sternzeichen steht, verantwortlich – ist eine kleine, aber bahnbrechende Veränderung: Sie werden im August gelassener, sind sich selbst am nächsten, ohne dabei Ihr Gegenüber zu vernachlässigen.

🏆 ***Erfolg*** In der Astrologie hat Saturn keinen besonders guten Ruf. Er bremst, schränkt ein, schafft Probleme. Bei Ihnen kommt Saturn als Freund. Als Folge beginnen Sie, sich festzulegen und zu spezialisieren. Investieren Sie daher Zeit und Geld in Weiterbildung, besuchen Sie Seminare, Kurse, lernen Sie in Ihrem Fachgebiet dazu.

👍 ***Gut für*** Egoismus

☹ ***Schlecht für*** Ängstlichkeit

✨ ***Die besten Sternepartner*** Löwe, Wassermann

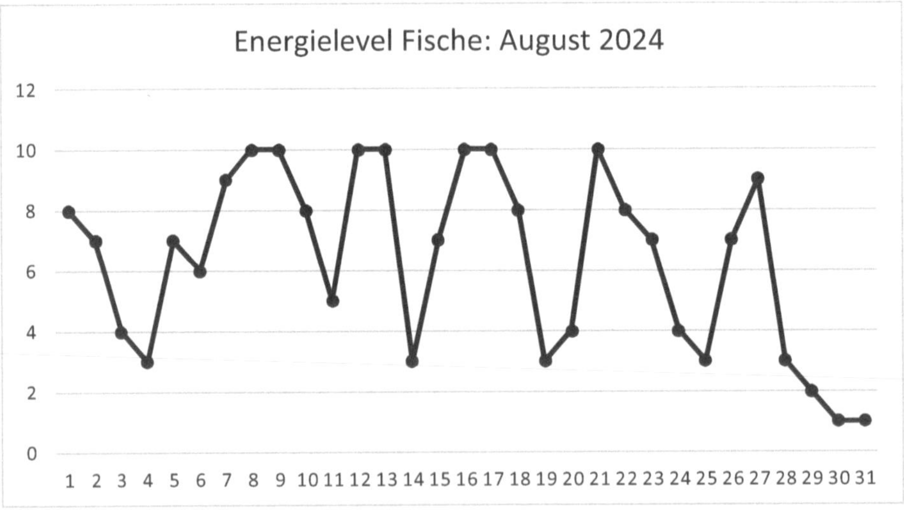

Ihre ganz persönlichen Sterne im

SEPTEMBER

Liebe Mit der Sonne Ihrem Sternzeichen gegenüber in der Jungfrau versetzen Sie Berge. Klingt nach einem Heimspiel mit Erfolgsgarantie? Ja, wenn Sie folgendes beachten: Immer wieder mischt sich Neptun störend ein. Sie schenken mitunter Menschen zu viel Vertrauen, sind blauäugig und übertrieben nett und optimistisch.

Erfolg Erfolg, Glück und Zufriedenheit kommen nicht über Nacht. Nicht im September. Eher scheibchenweise. Sie sind in sich selbst gefangen und reden sich auf Wirtschaftskrise oder Gesamtsituation hinaus. Doch wenn Sie sich mit Saturn verbinden, wachsen Kräfte, erstarkt das Ego, wurzeln erste Ideen und Visionen.

Gut für Gemeinsamkeit

Schlecht für Einsamkeit

Die besten Sternepartner Fische, Jungfrau, Krebs, Steinbock

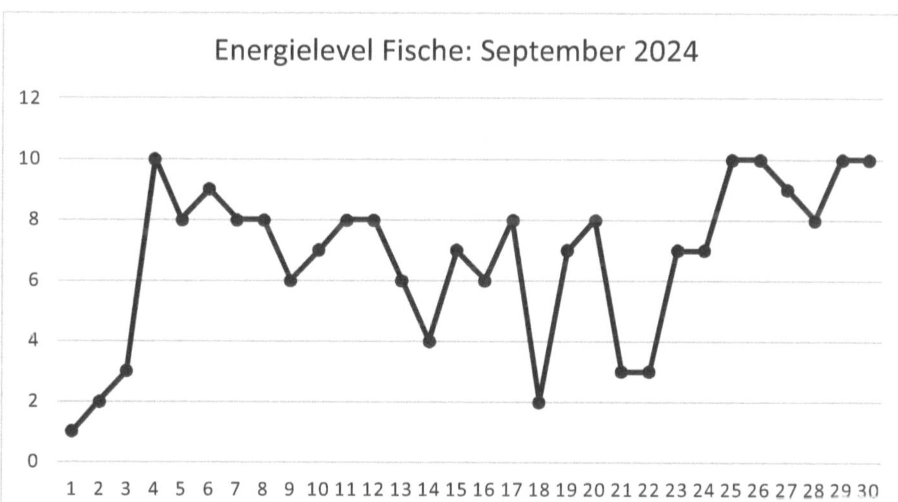

OKTOBER

♥ ***Liebe*** Sie erleben einen Frühling der Liebe mitten im Herbst. Jetzt sind nämlich die Planeten Mars und Venus hinter Ihnen her und machen Ihnen die Liebe schmackhaft. Eine besonders vielversprechende Zeit läuft gleich in der ersten Oktoberwoche. Da geben sie Mars und Venus die Hände.

🏆 ***Erfolg*** Das Business spielen allerdings auch eine Rolle. Hier ist es wichtig, dass Sie sich nicht von existentiellen Sorgen ängstigen lassen; Sie neigen ein wenig zu Schwarzmalerei. Verjagen Sie daher düstere Gedanken, lenken Sie sich ab, heitern Sie sich auf! Das gilt ganz besonders für die Zeit rund um den Vollmond am 17. Oktober.

👍 ***Gut für*** Freundschaft

☹ ***Schlecht für*** Illusionen

✨ ***Die besten Sternepartner*** Löwe, Wassermann, Steinbock

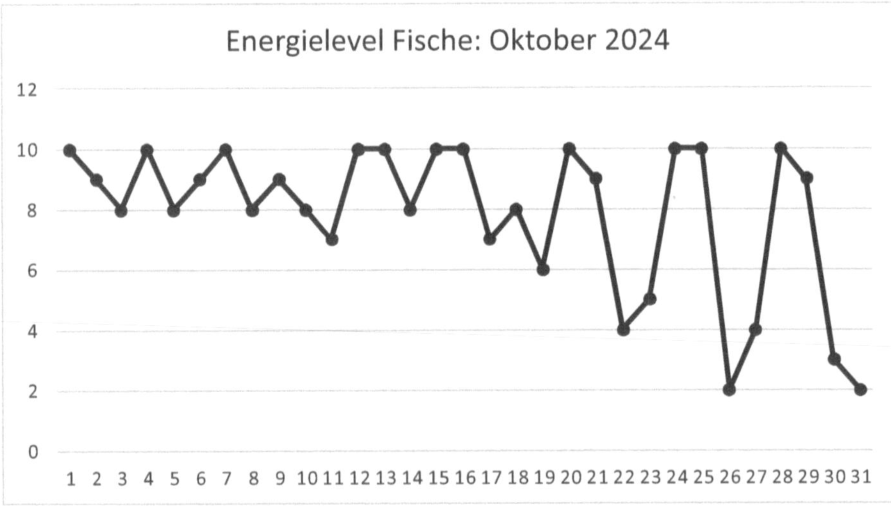

NOVEMBER

Liebe Ungefähr ab dem 12. des Monats sind Sie der Liebling der Sterne und bekommen die Möglichkeit, sich herrlich zu amüsieren. Sie dürfen sich treiben lassen und allen Gefühlsregungen nachgeben: den leidenschaftlichen, zärtlichen, besitzergreifenden, sehnsuchtsvollen.

Karriere Ihre stärkste Zeit beginnt am 12. März: 90 Prozent aller Himmelskräfte stehen hinter Ihnen und fädeln Schicksalsbegegnungen ein. Vielleicht treffen Sie Ihren zukünftigen Chef oder einen Gönner, der Ihre Geldsorgen abnimmt. Aber versuchen Sie nichts zu erzwingen! Entweder es geschieht von selbst oder die Sache taugt nichts für Sie: Inschallah, so ist das eben bei Fischen!

Gut für Partnerschaft

Schlecht für Feige sein

Die besten Sternepartner Fische, Jungfrau

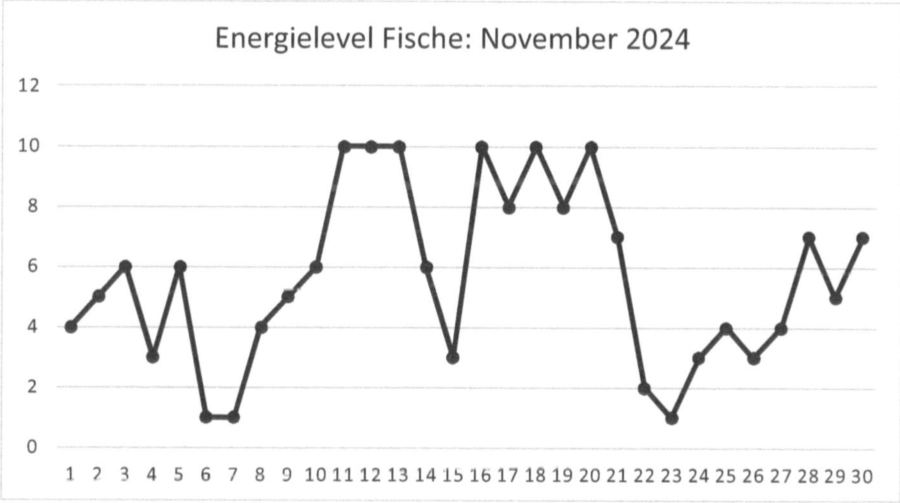

Ihre ganz persönlichen Sterne im

DEZEMBER

♥ ***Liebe*** Sie haben an den ersten Dezembertagen Traumaussichten beim anderen Geschlecht, sind entspannt, charmant, fröhlich und erotisch. Ihr Partner er wird Augen machen! Aber auch mit neuen Bewunderern kommen Sie super zurecht. Halten Sie sich die die Tage rund um das erste Adventwochenende unbedingt frei für die Liebe!

🏆 ***Karriere*** Die Arbeit macht Spaß, das Geld stimmt, und Sie strotzen vor Gesundheit. Lediglich an den letzten Dezembertagen besucht Sie wieder mal ein altbekanntes Gespenst in Gestalt von Existenzsorgen, Selbstzweifel, Nervosität, schlechter Laune. Dank Saturn in Ihrem Sternzeichen wissen Sie, wie man den bösen Geist vertreibt: Nicht beachten!

👍 ***Gut für*** Ein toller Monat mit viel Liebe, Spaß und Vergnügen.

☹ ***Schlecht für*** Pessimismus

✨ ***Die besten Sternepartner*** Jungfrau, Zwillinge

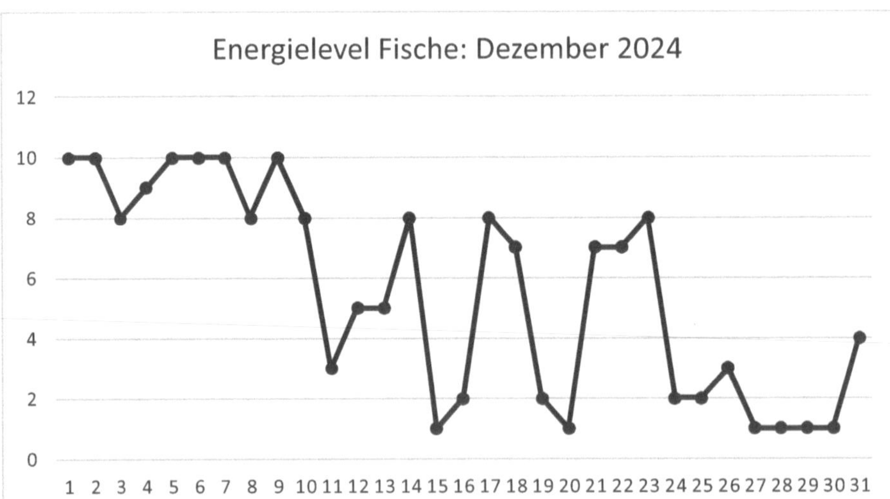

WIDDER
(21. März bis 20. April)

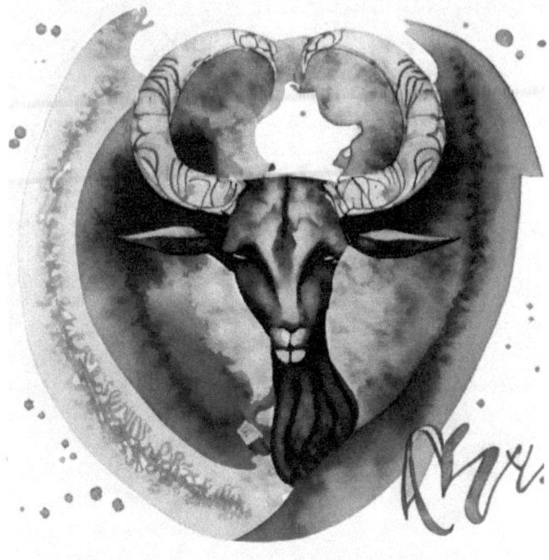

Sie haben einen neuen Freund am Himmel. Er heißt Pluto. 15 Jahre lang hat er Sie nicht anerkannt, oft genug sogar behindert. Aber 2024 nimmt er Ihre Stärke endlich zur Kenntnis. Insofern haben Sie ein prächtiges Jahr vor sich. Dieser Pluto ist nicht Ihr einziger Verbündeter. Das Jahr wird nämlich von der Sonne regiert. Das kommt allen zwölf Sternzeichen zugute. Diese Sonne will, dass Sie das machen, was Sie können, was Ihnen liegt. Das sind wunderbare Aussichten für Sie, einen Widder, der gerne das macht, was ihm gefällt. In der zweiten Hälfte des Jahres bekommen Sie dann auch noch den Glücksplaneten Jupiter in eine fabelhafte Position. Haben Sie ganz besonders großes Glück, dann gewinnen Sie Geld. Aber Sie werden bestimmt auch dann zufrieden sein, wenn Sie mehr verdienen, ein gutes Geschäft abschließen oder mit einer Idee, die Sie schon lange mit sich herumtragen, Erfolg haben. Dann unterstützt Sie das ganze Jahr über natürlich auch Ihr persönlicher Herrscherplanet Mars. Wann genau das immer der Fall sein wird, entnehmen Sie bitte der anschließenden Monatsanalyse.

Worauf Sie achten sollten, ist Saturn. Dieser Planet ist so etwas wie Ihr persönlicher Aufpasser. Er meldet sich immer dann, wenn Sie Fehler machen und oft auch schon, bevor es überhaupt soweit kommt. Er ist also wichtig. Nun, 2024, hält sich dieser Planet zurück. Das ist natürlich auf der einen Seite sehr angenehm, weil Ihnen niemand Vorhaltungen macht. Aber da kann es dann schon des eine oder andere mal geschehen, dass Sie zu spät bemerken, wenn Sie falschliegen. Da müssen Sie jetzt eben selber gut aufpassen.

LIEBE

Liebe ist für Sie ein Grundbedürfnis, beinahe kann man sagen, es so wichtig wie Essen und Trinken. Sie verhungern zwar nicht gleich, wenn sie Ihnen fehlt, aber sie darben auf andere Weise, nämlich das Ihnen Lebensfreude und Zufriedenheit fehlen. Wie sieht das im kommenden

Jahr für Sie aus? Wie gesagt regiert die Sonne das neue Jahr. Das bedeutet von vornherein, dass Sie sicher nicht unter einem Liebesmangel leiden. Hinzu kommt Pluto, der so etwas, wie eine Verjüngung bewirkt. Ihr Körper lebt auf, Sie haben mehr Lust, und sexuelle Befriedigung ist für Sie ein absoluter Höhepunkt. Am glücklichsten macht Sie Jupiter. Wie bereits erwähnt, nimmt dieser Planeten ab Juni eine Position am Himmel, die Ihnen hilft. Besonders, wenn Sie allein leben, keine Partner haben, können Sie beinahe eine Wette darauf nehmen, dass sich das in der zweiten Jahreshälfte 2024 ändern wird. Von Ihnen geht etwas aus, was das andere Geschlecht regelrecht anzieht. Natürlich dürfen Sie sich auch nicht verstecken. Das ist ganz wichtig, dass Sie von innen heraus sicher sind, dass Sie ein liebenswerter und begehrlicher Mensch sind.

Sternenlicht führt, Erfolge kommen,
Liebe erwacht.

KARRIERE

Vier Kräfte am Himmel sind dafür verantwortlich sind, dass Sie erfolgreich sind. Beginnen wir mit der Sonne: Sie wird Sie, wie auch alle anderen Sternzeichen fördern und immer dorthin schieben, wo es etwas zu holen gibt. Pluto, der wie gesagt, 2024 zu hundert Prozent auf Ihrer Seite steht, motiviert Sie, programmiert sie regelrecht, mehr und vor allem das richtige im Leben zu machen. Dazu gehört auch eine Portion Ehrgeiz, denn die braucht man, wenn man weiter hinaufkommen und mehr verdienen will. Jupiter greift wie gesagt erst ab Juni in Ihr Leben ein, aber dann mit aller Kraft. Er verspricht Ihnen im Sommer und spätestens im Herbst Erfolge. Saturn ist normalerweise die vierte Kraft, zum Erfolg. Aber es wurde ja schon gesagt, ersteht 2024 nicht auf Ihrer Seite. Sie sind kein Mensch, der lange überlegt, wenn er eine Chance sieht. Sie sind ein Draufgänger. Das ist wunderbar und lässt Sie an allen anderen, die zögern vorbeiziehen. Aber 2024 ist die Gefahr, dass Sie zu schnell sind und Fehler machen. Das müssen Sie einfach wissen und sich immer wieder daran erinnern, dass Sie selbst auf sich aufpassen müssen.

CHARAKTER	Kühn, optimistisch, elementar
PERSÖNLICHES AUFTRETEN	Energisch, kraftvoll, dreist
FÜHLEN	Heiß, leidenschaftlich
STEIN	Rubin
TIER	Wolf
PFLANZE	Distel
BESTER TAG	Dienstag

JANUAR

♥ ***Liebe*** Ihre Aussichten für die Liebe sind besser, denn Venus befindet sich in den ersten drei Wochen des Monats in einer günstigen Position. Da Planet Mars, wie zuvor erwähnt, im Steinbock steht, dürfen Sie aber auch nicht erwarten dass Ihnen körperliche Erlebnisse leicht fallen. Jetzt geht es darum, die Liebe nicht nur im Bett zu bestätigen.

Erfolg Sie profitieren auch im Januar noch von Mars. Er befindet sich im Steinbock, ein sicheres Zeichen, dass Erfolge nicht einfach so vom Himmel fallen, sondern hart erarbeitet werden müssen. Mit anderen Worten, es kommt jetzt auf Sie an. Eine besonders erfolgversprechende Woche ist gleich oh nach dem Neumond am 11. Januar.

Gut für Vorstoß in der Liebe

☹ ***Schlecht für*** mit aller Gewalt etwas erreichen wollen

✨ ***Die besten Sternepartner*** Schütze, Waage Löwe

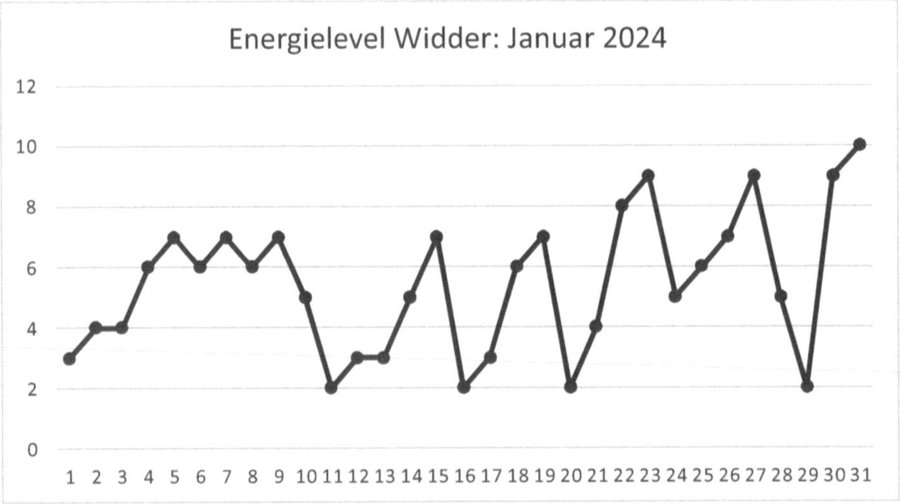

FEBRUAR

Liebe Mars und Venus ziehen bis zur Mitte des Monats durch den Steinbock. Nehmen Sie es als ein Zeichen, sich mit Ihrer Partnerschaft zu beschäftigen. Jetzt zählt die Bereitschaft, sich aufeinander einzustellen, den andern zuzunehmen, wie er ist. Dann, ob dem 15., hält sich das Liebesduo im Wassermann auf. Das verrät ein aufregendes Liebesleben.

Erfolg Pluto und Merkur im Zeichen Wassermann könnte ein Anlass sein, das eine oder andere, was Ihnen beruflich aufstößt, zu verändern. Aber seien Sie behutsam. Saturn im Zeichen Fische lässt Sie unangenehme Dinge nicht sorgfältig genug beachten. Das bezieht sich auch darauf, wie Sie mit Ihrem Geld umgehen. Jupiter im Stier macht großzügig, manchmal aber auch verschwenderisch

Gut für Beruflicher Vorstoß nach dem 20. des Monats

Schlecht für Unüberlegt handeln

Die besten Sternepartner Wassermann, Löwe

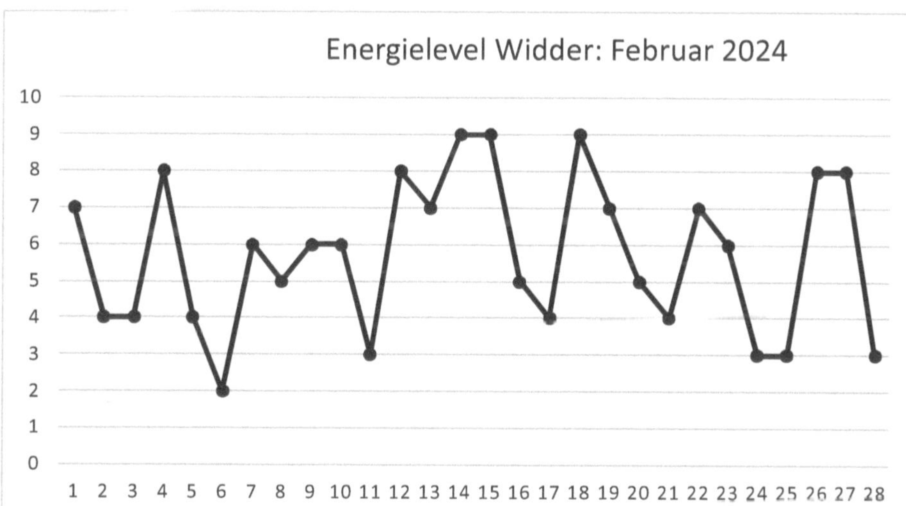

MÄRZ

Liebe Bis zum 10. März bleibt der Liebesplanet Venus im Tierkreiszeichen Wassermann und damit in einer günstigen Beziehung zu Ihrem Sternzeichen. Mars bleibt sogar noch länger, nämlich bis zum 22. Insofern ist es gut möglich, dass Sie im März Schönes in der Liebe erleben. Leider hält das nicht an bis zum Frühlingsbeginn am 20. Da befinden sich Mars und Venus bereits im Tierkreiszeichen Fische. Da kann man höchstens von Liebe träumen.

Erfolg In punkto Karriere stehen die Sterne ungünstig. Uranus und Jupiter üben Druck auf Ihr Sternzeichen aus. Von der Sonne und Saturnbekommen Sie auch keine Unterstützung. Stimmen Sie sich also auf einen eher durchschnittlichen Monat ein. Sobald die Sonne dann am 20. Ihr Sternzeichen Widder betritt, wird es eindeutig besser.

Gut für Sie brauchen Geduld

Schlecht für Mit aller Gewalt etwas erreichen wollen

Die besten Sternepartner Widder, Waage, Zwillinge

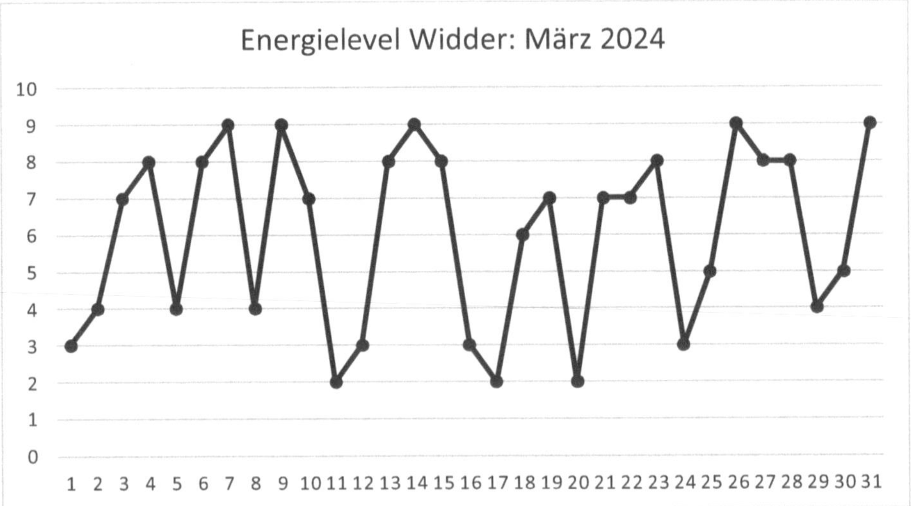

APRIL

Liebe Sie gehören zu den Glückskindern: Außer der Sonne steht Ihnen in der ersten Hälfte des Monats auch der Liebesplanet Venus zur Seite. Das weckt Herzensstärke, die alles möglich macht.

Erfolg Die wichtigen Angelegenheiten gleich in den ersten drei Wochen erledigen. Dann versorgen Sie die Sonne, Merkur und Venus mit dem Glück, das man braucht, um erfolgreich zu sein. Sie werden selbst darüber staunen, wie gut alles läuft, wie viel Selbstvertrauen Sie haben, wie klar (und schnell) Ihre Entscheidungen ausfallen. Vielleicht stoßen Sie die Sterne auch Mal ins kalte Wasser oder treten besonders hart auf. Aber mit Ihrer Lebenserfahrung sind Sie solchen Herausforderungen gewachsen.

Gut für Einfach glücklich sein

Schlecht für An sich und dem Leben zweifeln

Die besten Sternepartner Widder, Waage, Wassermann Zwillinge

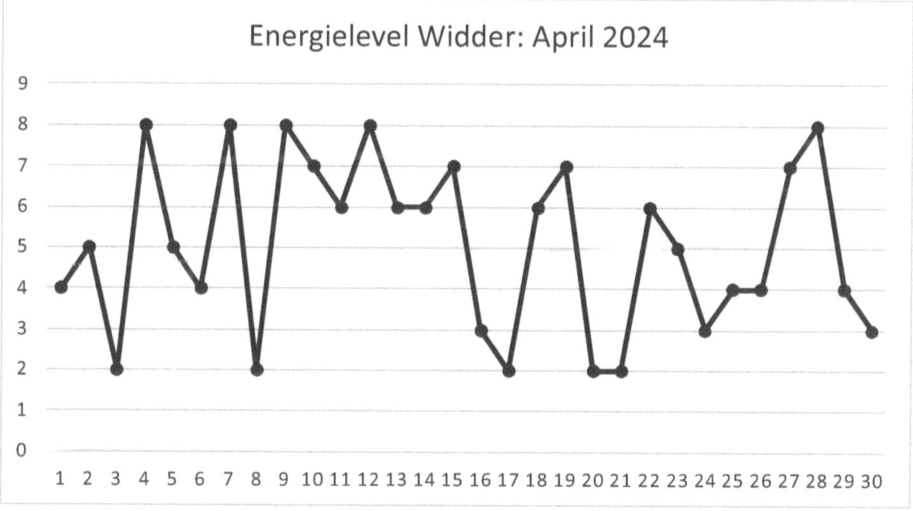

MAI

♥ ***Liebe*** Sie haben Glück. Damit ist das Zwischenmenschliche gemeint. Alles spricht dafür, dass die Singles unter Ihnen endlich ihren Seelenpartner treffen. In Beziehungen kommt ein belebender, frischer Wind auf, der beiden viel Spaß bereitet. Ab dem 20. wird es noch fantastischer, denn jetzt haben Sie Mars und Venus auf Ihrer Seite. Gehen Sie davon aus, dass sie Ihnen wunderbare Liebesszenen inszenieren.

Erfolg Mars steht in Ihrem Sternzeichen. Auf der einen Seite sind Sie dankbar, dass Sie über diesen Planeten mehr Energie bekommen, sich besser entscheiden und auch, wenn es nötig ist, nach vorne drängeln können. Aber dieser Mars hat den großen Nachteil, dass Sie leicht ungeduldig werden. Das müssen Sie wissen und sich unter Umständen bewusst zurückhalten.

Gut für Alles, was Kraft braucht

☹ ***Schlecht für*** Ungeduld

✨ ***Die besten Sternepartner*** Löwe, Widder, Waage, Wassermann

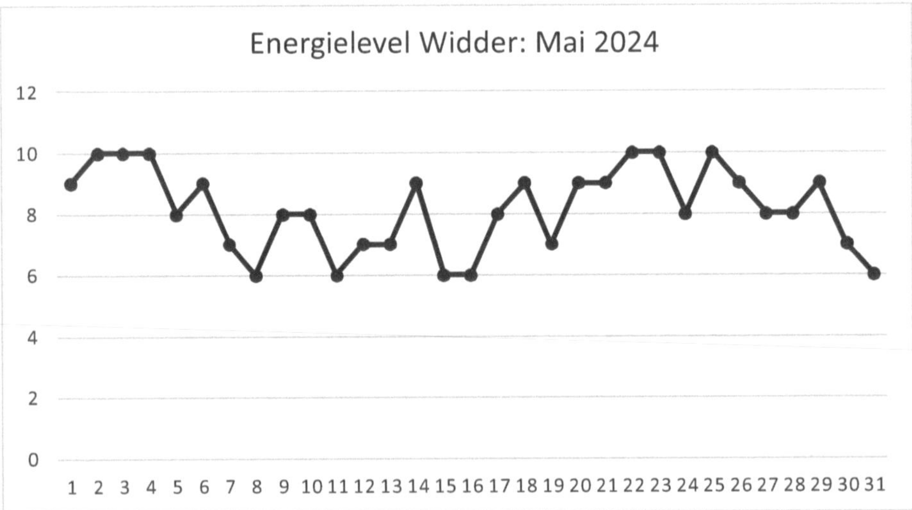

JUNI

♥ ***Liebe*** Die Lokomotive des Jahres, die Sonne, verbindet sich mit Venus. Das ist super. Damit sind Wunder möglich. Das hilft Ihnen in der Liebe. Bessere Bedingungen, um mit Ihrem Schatz einen glücklichen Monat zu erleben, gibt es gar nicht. Beinahe noch besser sind Ihre Chancen, wenn Sie auf Partnersuche sind. Vor allem, wenn Sonne und Venus gleich in der ersten Woche ganz eng zusammenrücken, sind Sie sehr begehrlich und äußerst begehrenswert.

Erfolg Glücksplanet Jupiter nimmt in der ersten Hälfte des Monats Juli eine fabelhafte Position ein. Daraus lässt sich schließen, dass Sie mehr Geld verdienen können. Außer Jupiter stützt Sie auch noch Venus, Sie weckt eine Art Magnetismus für Geld. Und am 4. Juni bezieht Merkur eine optimale Position für geschäftliche Unternehmungen.

Gut für Geschäfte, bei denen etwas für Sie herausschaut

☹ ***Schlecht für*** Leichtsinn

✨ ***Die besten Sternepartner*** Zwillinge, Waage

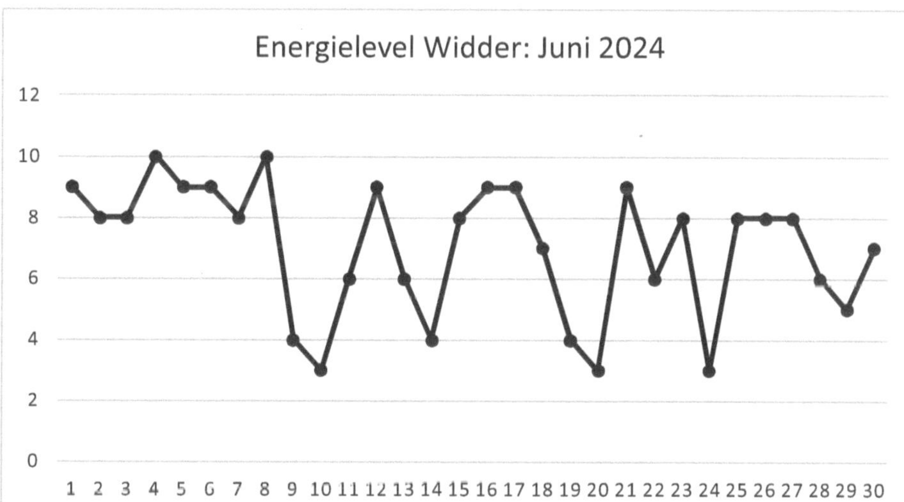

JULI

♥ ***Liebe*** Was die Liebeangeht, werden Sie vielleicht von Ihrem Partner nicht das bekommen, was Sie wünschen. Aber deswegen sich bei den Sternen beschweren? Kommt nicht in Frage! Sie beweisen, dass Sie Profil haben und dem Auf und Ab des Lebens gewachsen sind. Und zu Ende des Monats wird es ohnehin viel besser mit Höhepunkt ab Vollmond, den 21. Juli. Da ist sogar eine heiße Begegnung angesagt.

Erfolg Sie sind ein Routinier, ein Mensch, der auch ohne große kosmische Unterstützung sein Leben meistert. Jetzt, im Juli hilft Ihnen das gut. Um durch die Tage zukommen. In der letzten Woche bekommen Sie dann die Sonne an Ihre Seite. Da machen Sie ganz bestimmte Punkte.

Gut für Positiv bleiben

☹ ***Schlecht für*** Sich gehen lassen

✦ ***Die besten Sternepartner*** Löwe

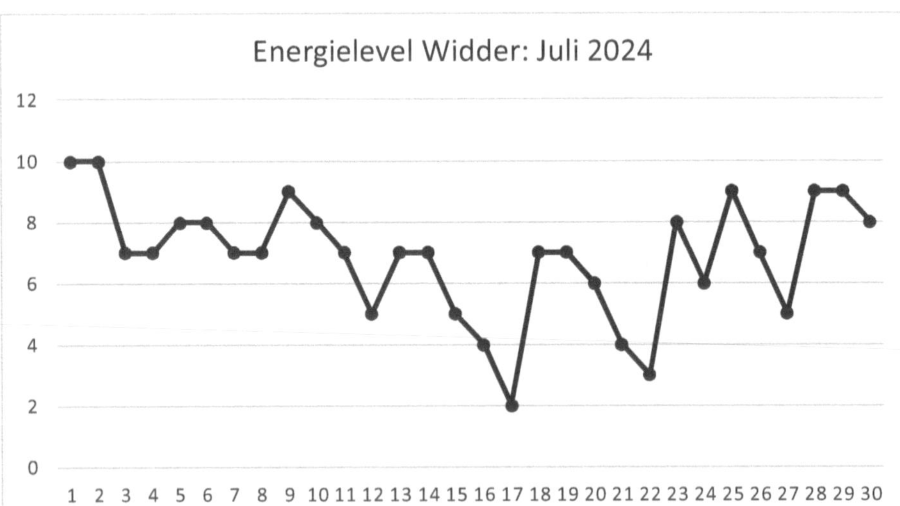

AUGUST

♥ ***Liebe*** Für Sie ist im ganzen Monat Sommer. Singles wie auch Paare erleben eine unbeschwerte Zeit. Glücklich sind Sie nicht nur im Urlaub. Auch zu Hause macht sich Honeymoon-Stimmung breit. Auch nach vielen Ehejahren.

Erfolg Die Sonne regiert das neue Jahr. Jetzt, im August, hält sie sich im Zeichen Löwe auf. Das ist ein Feuerzeichen, genau wie das Ihrige, der Widder. Damit sind Sie in besonderer Weise mit ihr verbunden und werden von ihr als Liebling auserkoren. Das ist ein Freifahrtschein ins Glück. Probleme wird es dennoch manchmal geben. Aber Sie sind nie um einen Ausweg verlegen.

Gut für Ausgehen und Leute treffen

☹ ***Schlecht für*** Miese Stimmung

✦ ***Die besten Sternepartner*** Wassermann, Zwillinge

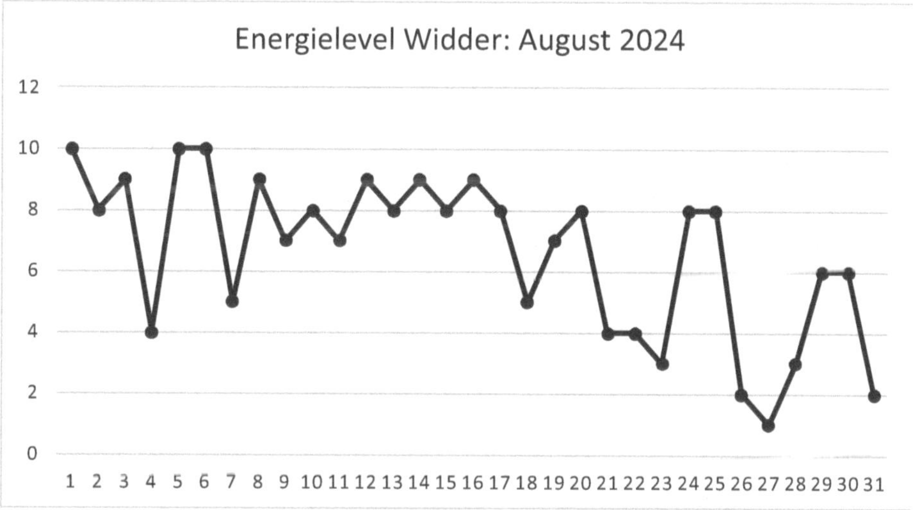

SEPTEMBER

♥ ***Liebe*** Am 6. September zieht Ihr persönlicher Herrscherplanet Mars in das Tierkreiszeichen Krebs ein. Sind Sie im entsprechenden Alter, lässt sie das nicht nur an Hochzeit, sondern sogar Familiengründung denken. Diejenigen unter Ihnen, die Single sind, kommen voll und ganz in den Genuss von Venus. Sie steht Ihrem Sternzeichen gegenüber und sorgt dafür, dass Sie bei potentiellen Partnern ankommen – vorausgesetzt, Sie zeigen auch, dass Sie Interesse haben.

Erfolg Die Sonne, Regent des Jahres, befindet sich im September in der Jungfrau. Das unterstützt Ihr berufliches Wirken. Vor allem, wenn Sie selbst mehr daran glauben, dass Sie gut sind, klappt es auch tatsächlich und Sie haben mehr Erfolg.

Gut für Familienbildung

Schlecht für Allein bleiben

Die besten Sternepartner Zwillinge, Wassermann

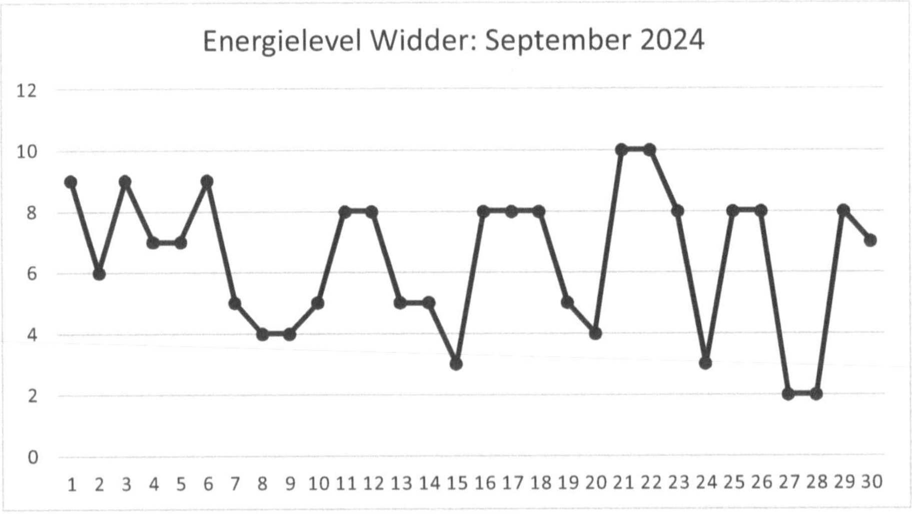

OKTOBER

♥ ***Liebe*** Das ist schon ärgerlich. Die Sonne steht Ihrem Sternzeichen genau gegenüber in der Waage. Normalerweise kann man daraus auf einen zauberhaften Liebesmonat schließen. Aber Mars und Venus verstecken sich am Himmel und lassen Ihre Aussichten in der Liebe gegen Null sinken.

🏆 ***Erfolg*** Planet Jupiter hilft Ihnen und räumt Ihnen Schwierigkeiten aus dem Weg. Wenn Sie trotzdem angehalten werden, dann nur, um zu zeigen, wie gut Sie wirklich sind. Noch ein wichtiger Hinweis: im Oktober ist auch das Kleingedruckte besonders wichtig. Das bedeutet, Sie sollen sehr genau sein und müssen mit Überraschungen rechnen.

👍 ***Gut für*** Optimismus auch wenn es mal nicht so gut geht

☹ ***Schlecht für*** Sich gehen lassen

✨ ***Die besten Sternepartner*** Zwillinge

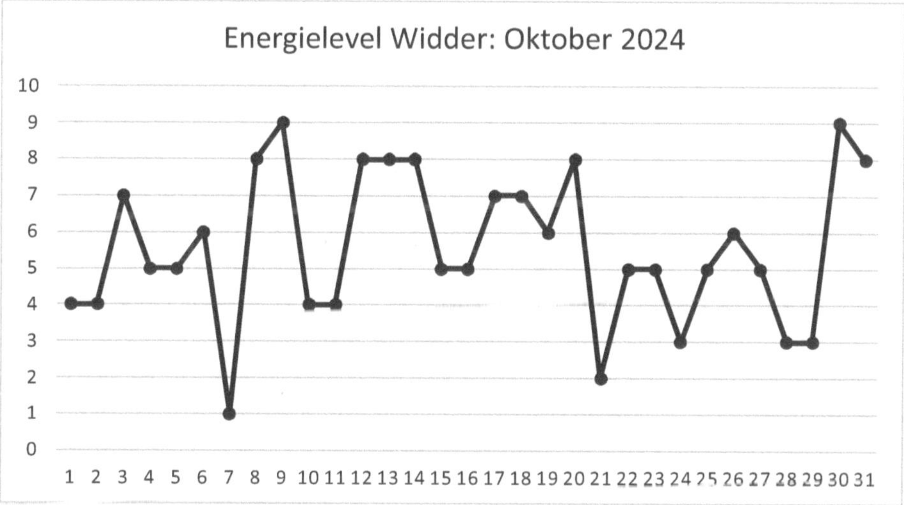

NOVEMBER

Liebe Am Anfang des Monats haben Sie wieder mal die Chance auf das ganz große Drama; es sei denn, Sie merken rechtzeitig, wie sehr Sie übertreiben. Die zweite Novemberhälfte stärkt Ihre Partnerschaft. Das setzt aber auch voraus, dass Sie offen für einander sind.

Erfolg Während der ersten beiden Novemberwochen heißt es: Bitte warten! Der reibungslose Ablauf von Geschäften jeglicher Art ist gestört. Entschlüsse mit Hand und Fuß sind Mangelware. Verabredungen werden oft nicht eingehalten. Absprachen sind nicht viel wert. Am besten, Sie vertagen wichtige Angelegenheiten auf die zweite Monatshälfte.

Gut für Sich nicht runterziehen lassen

Schlecht für Selbstzweifel

Die besten Sternepartner Löwe

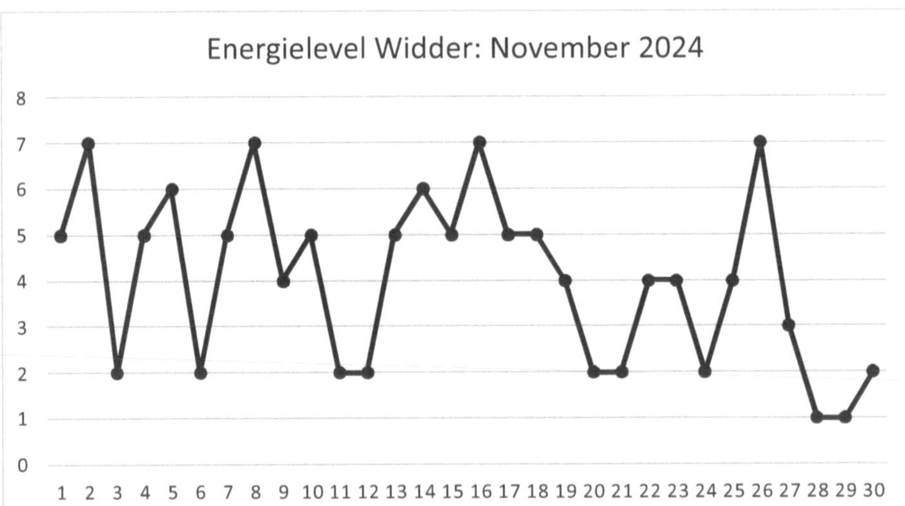

Ihre ganz persönlichen Sterne im

DEZEMBER

Liebe Im Dezember wachen Sie morgens mit einem Lächeln auf, und wo immer es Sie während des Tages hinzieht - in den Trubel oder in die Einsamkeit -, haben Sie gemütliche, genüßliche und gefühlvolle Erlebnisse. Die Sterne munkeln von einer Begegnung: Ein Mensch, mit dem Sie sich vom Kopf her bestens verstehen, überzeugt auch beim Sex.

Erfolg Und der ganze Dezember hat verheißungsvollen Tagen für Ihre Karriere. Richtig spannend wird's; die Sterne bescheinigen Ihnen ein sagenhaftes Verhandlungsgeschick. Man kauft Ihnen alles ab. Damit Sie an Weihnachten nicht an Ihre Karriere denken sollen, ziehen sich die Sterne jetzt zurück.

Gut für Glücklich sein

☹ **_Schlecht für_** An sich zweifeln

Die besten Sternepartner Zwillinge, Widder, Waage

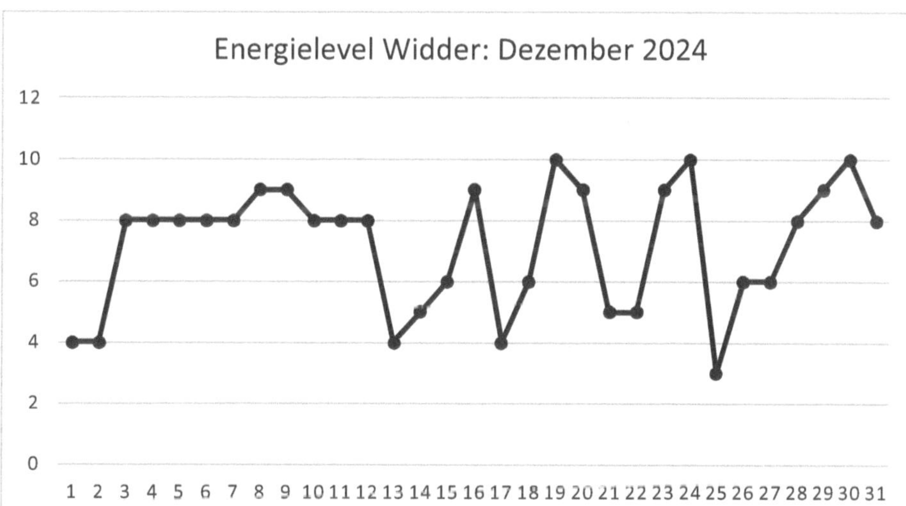

STIER

(21. April bis 21. Mai)

Jedes Jahr bestimmt eine andere kosmische Größe das Rennen auf der Erde. 2024 ist es die Sonne. Sie regiert das Jahr. Für einen Stier bringt dies Vorteile. Ihre Stärken und Fähigkeiten können voll zum Zug kommen. Sie werden erfolgreich und glücklich sein und mehr Geld verdienen. Jetzt ist es so, dass Ihre Erfolge auch nicht einfach so vom Himmel herunterfallen. Es gibt Bedingungen. Die Vorgaben kommen vom Planeten Pluto, der fast das ganze Jahr über im Tierkreiszeichen Wassermann steht. Das ist für Sie eine schwierige Position. Sie verlangt Flexibilität von Ihnen. Es werden im kommenden Jahr immer wieder Situationen auftreten, in denen Sie mit irgendwelchen Routine-Maßnahmen nicht zurechtkommen. „Ich habe das doch schon immer so gemacht. Warum soll es jetzt nicht mehr so gehen...?" Dieser Satz verliert an Brauchbarkeit und Nützlichkeit. „Aha, es sieht so aus, dass ich anders vorgehen muss." Dieser Satz hingegen kommt immer häufiger zum Einsatz. Es hängt also ganz davon ab, wie flexibel Sie sind und ob Sie bereit sind für Veränderungen. Wenn ja, haben Sie ein gutes Jahr vor sich. Entsprechend schwierig wird es, wenn Sie daran festhalten, wie Sie es schon immer gemacht haben.

Ausgesprochen günstig ist Jupiter. Er trägt den Namen Glücksplanet und befindet sich in der ersten Hälfte des Jahres in Ihrem Sternzeichen. Da können Sie sich jetzt selbst ausdenken, was das für Sie bedeutet. Sicher ist, dass Sie auf gar keinen Fall unter Geldproblemen leiden. Im Gegenteil, Sie bekommen mehr. In der zweiten Hälfte des Jahres zieht dieser Jupiter in das Zeichen Zwillingen. Da wird dann doch wieder mehr Flexibilität verlangt.

Ganz wichtig ist auch Saturn. Dieser Stern ist Ihr Aufpasser. Er kümmert sich darum, dass Sie keine Fehler machen und wenn, dann sofort ausbessern. 2024 macht er Pause. D.h., Sie müssen ohne ihn auskommen, was wiederum bedeutet, dass Sie sorgfältig und gewissenhaft sein müssen.

Dann ist natürlich auch Ihr persönlicher Herrscherplanet, die Venus, wichtig. Sie zieht wie jedes Jahr durch alle zwölf Sternzeichen, ist manchmal stark, ein andermal eher schwach. Wie sich das im Einzelnen auswirkt, erfahren Sie in den Monatsanalysen.

LIEBE

Ihre tollen Sterne machen es möglich, dass Sie 2024 nicht einfach nur geliebt, sondern auch verstanden werden und sich manchmal wie ein Backfisch vorkommen, der zum ersten Mal glücklich verliebt ist. Wenn Ihr momentaner Partner nicht gerade ein ganz verkorkstes Horoskop besitzt, rücken Sie ganz bestimmt wieder näher zusammen und kosten dieses wunderbare Gefühl, nicht allein auf dieser Welt zu sein. Ein wichtiger Einfluss geht auch hier von Pluto und Uranus aus. Es lohnt sich, wenn Sie sich von Anfang an auf sie einstellen: Diese Sterne mögen keine Kompromisse. Vielleicht haben Sie Glück und Sie führen bereits ein Leben mit einem Menschen, der diesem Anspruch genügt. Wenn Sie allein leben und einen Partner suchen, sind Sie 2024 fein heraus, denn die Wirkung dieser zwei Planeten ist ausgesprochen günstig. Man ykann beinahe sagen, 2024 ist die ganze Welt auf Partnersuche, egal, ob man alleine lebt oder nicht. Entsprechend leicht fällt es, eine Beziehung zu beginnen.

"Sonne strahlt, Erfolg folgt.
Stier: Glücklich und stark."

KARRIERE

Uranus und Pluto sorgen dafür, dass Ihr Leben interessanter, abwechslungsreicher und spannender wird. Vielleicht ziehen Sie in eine andere Stadt, beginnen eine neue Arbeit, treffen interessante Leute oder setzen sich vielleicht sogar in einem Wettbewerb durch und werden bekannt. Dann ist auch gleich Jupiter, der Glücksplanet, zu erwähnen. Er hackt sich in der ersten Jahreshälfte in Ihr Sternzeichen ein und wird Sie dorthin bringen, wo Glück auf Sie wartet. Denken Sie dabei nicht nur an materielles Glück. Das ist zwar auch mit diesem Stern verbunden, aber noch viel mehr ist es ein Glück, das von innen heraus erwächst und Ihre ganze Person erfasst. Dass Saturn seiner Aufgabe als Aufpasser nicht wirklich nachkommt, wurde schon gesagt, auch dass Sie seine Funktion übernehmen müssen. Grundsätzlich lässt sich sagen, dass die zweite Hälfte des Jahres finanziell wie auch karrieremäßig besser ist als die erste.

CHARAKTER	Lebensfroh, hilfsbereit, bequem
PERSÖNLICHES AUFTRETEN	Bescheiden, bestimmt, tolerant
FÜHLEN	Natürlich, anhänglich
STEIN	Smaragd
TIER	Maikäfer
PFLANZE	Kürbis
BESTER TAG	Freitag

JANUAR

Liebe Der Liebesplanet Venus steht im Schützezeichen. Da reizt das Fremde und Neue: Daher Hochsaison für alle Single-Stiere unter Ihnen. Aber natürlich kommt diese Zeit auch jenen zugute, die bereits in einer festen Beziehung leben: Vielleicht müssen sie sich etwas Neues einfallen lassen.

Erfolg Jupiter hilft und Mars steht ihm bei. Zusammen mit der Sonne und Merkur bilden sie ein Quartett, das Ihnen tolle Möglichkeiten eröffnet. Uranus sorgt für Freude. Allerdings ist das, was er bringt, nicht unbedingt das, was Sie schon kennen. Wenn Sie sich aber darauf einlassen, erleben Sie eine wunderbare Zeit

Gut für Zeit für die Liebe nehmen

Schlecht für Sich mit Nebensächlichkeiten verzetteln.

Die besten Sternepartner Fische, Krebs, Skorpion

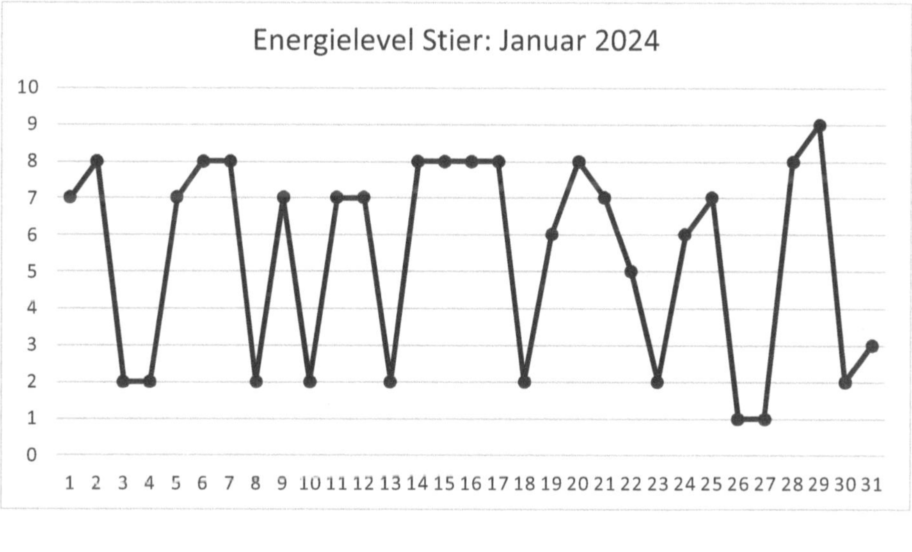

Ihre ganz persönlichen Sterne im

FEBRUAR

Jetzt befindet sich Pluto im Sternzeichen Wassermann, wo er über 15 Jahre bleibt. Da ist es bestimmt nicht falsch, sich jetzt schon darauf einzustellen: Pluto verlangt Veränderung. Es heißt, Gewohnheiten loszulassen, um dadurch Neuem, Besserem Platz zu machen.

♥ ***Liebe*** Bis Mitte des Monats Februar kümmern sich Mars und Venus, dass Liebesduo um Sie. Das passt gut zum Karneval, der zur gleichen Zeit angesagt ist. Da muss man Ihnen fast raten, nicht zu übertreiben. Während des Karnevals entstehen nämlich schnell neue Beziehungen.

🏆 ***Erfolg*** Bis zum 20. des Monats befindet sich die Sonne im Tierkreiszeichen Wassermann. Das verlangt Flexibilität. Sie dürfen jetzt nicht zu engstirnig sein. Dann, in den letzten zehn Tagen steht die Sonne und Saturn ganz auf Ihrer Seite. Da ist auch der eine oder andere unerwartete Erfolg möglich.

👍 ***Gut für*** Ihrer inneren Bestimmung folgen

☹ ***Schlecht für*** Streitereien und Auseinandersetzungen

✨ ***Die besten Sternepartner*** Fische, Stier, Jungfrau

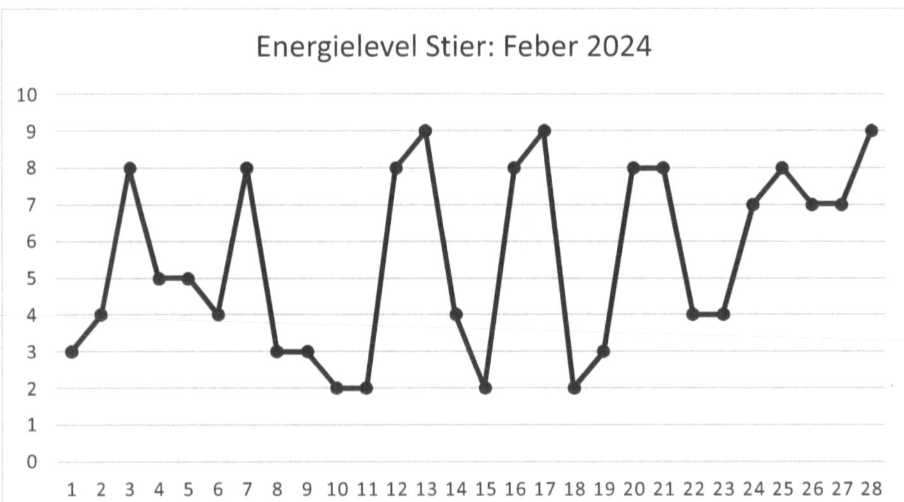

MÄRZ

Liebe Am 11. März bezieht der Liebesplanet Venus eine günstige Position zu Ihrem Sternzeichen. Das schmeckt schon ein bisschen nach Frühling. Wenn Sie jetzt noch ein paar Tage warten, wird es sogar noch besser, weil dann auch Mars eine günstige Position zu Ihrem Sternzeichen einnimmt. Der Frühling beginnt am 20. März. Für Sie ist jetzt ein Liebeswunder möglich.

Erfolg Die Sonne macht schläfrig. Diesem Gefühl dürfen Sie aber nicht nachgeben, denn Jupiter und Uranus befinden sich in Ihrem Tierkreiszeichen Stier und verlangen Erfolge. Da hilft alles nichts, Sie müssen sich überwinden und tun, was möglich ist.

Gut für Viel versprechende Angebote

Schlecht für Sorgen

Die besten Sternepartner Stier, Jungfrau, Steinbock

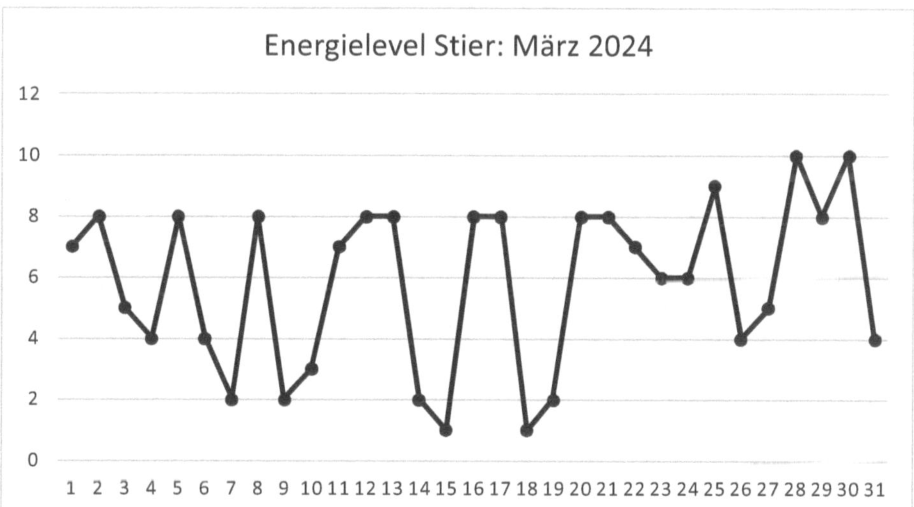

Ihre ganz persönlichen Sterne im

APRIL

♥ ***Liebe*** Die Liebe ist schön, aber es kommt auch zu Dissonanzen. Der Grund: Mars und Venus laufen durch unterschiedliche Zeichen, ergänzen sich also nicht. Aber von Unglück steht nichts in den Sternen. Vielleicht sollten Sie sich etwas einfallen lassen, womit Sie ihren Partner überraschen und wenn es nur ein netter Frühlingsstrauß ist.

Erfolg Uranus und Jupiter kommen sich im April immer näher. Das ist, als hätten Sie eine Antenne direkt in den Himmel. Alles, was Sie sich wünschen, kommt droben an, wird geprüft und geht vielleicht in Erfüllung. Am 20. betritt auch die Sonne Ihr Tierkreiszeichen Stier: Jetzt sind Wunder möglich.

Gut für Freundschaften fördern

☹ ***Schlecht für*** Mutlosigkeit

✦ ***Die besten Sternepartner*** Krebs, Fische, Skorpion

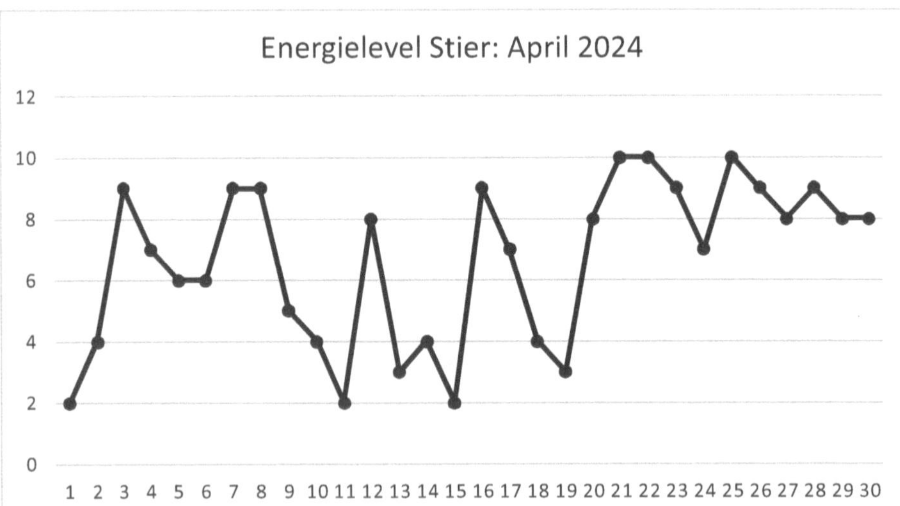

MAI

Liebe Venus zieht durch Ihr Sternzeichen. Das verleiht Ausstrahlung. Sie fallen auf, kommen an, werden bewundert. Leider läuft Mars wieder wie im letzten Monat dieser Venus hinterher. Das könnte dann auch Ihnen so ergehen und es kommt nicht zum glücklichen Finale. Erst in der letzten Maiwoche könnte es klappen.

Erfolg Sonne, Merkur, Venus, Uranus und Jupiter managen bis zum 20. Ihren Karriereweg: Dieser kosmischen Mannschaft verdanken Sie Ausdauer, Hartnäckigkeit und Einfallsreichtum, so dass Sie nie vor Hindernissen kapitulieren. Sie vernetzen Sie auch mit den richtigen (und wichtigen) Leuten und machen Sie bei Verhandlungen unschlagbar

Gut für Ihr Lebenswerk schmieden

Schlecht für Sich mit Kleinigkeiten aufhalten

Die besten Sternepartner Skorpion, Fische, Stier

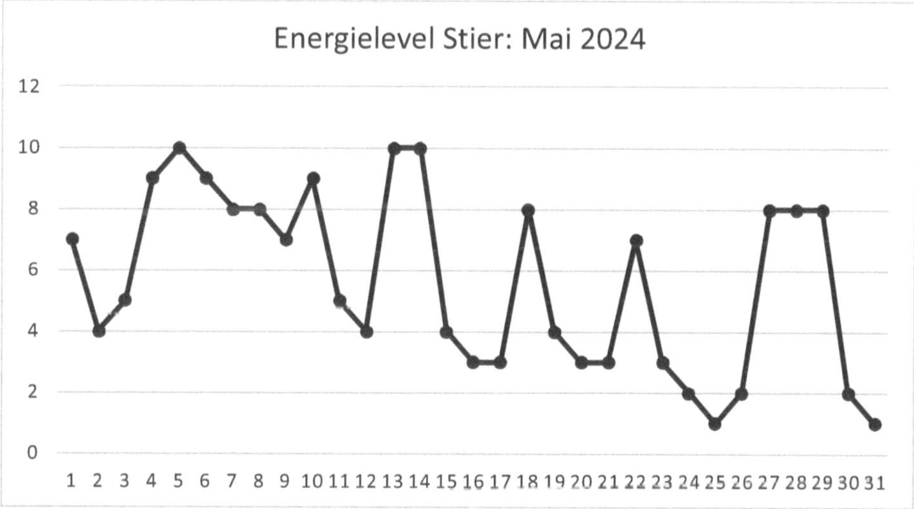

JUNI

Liebe Mars befindet sich in der ersten Juniwoche in einer ungünstigen Position zu Ihrem Sternzeichen. Aber dann holen Sie alles nach, was Sie in der ersten Woche versäumt haben: Jetzt steht Mars in Ihrem Sternzeichen. Noch besser wird es dann am 17., wo Planet Venus eine Beziehung zu ihm eingeht. Sie erleben eine herrliche Zeit.

Erfolg Uranus steht in Ihrem Sternzeichen und wird von Saturn gestärkt. Dadurch ist seine Wirkung besser als sonst. Droht Gefahr? Nein, niemals, wenn Sie offen und bereit sind für Veränderung. Jetzt halten Sie um Gottes willen nicht an allem fest, was schon immer so war, wie es ist. Seien Sie bereit für Neues, Sie werden glücklich sein. Wenn etwas Wichtiges ansteht, dann legen Sie es möglichst auf die zweite Hälfte des Monats.

Gut für Deutlich mehr Selbstvertrauen

Schlecht für Sich zurückhalten

Die besten Sternepartner Krebs, Fische, Skorpion

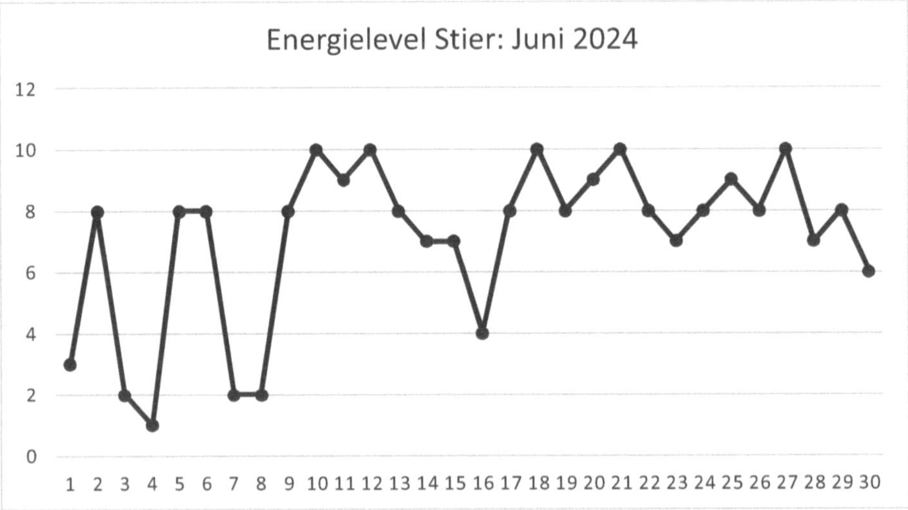

JULI

♥ ***Liebe*** Bis zum 12. des Monats bezieht Venus eine günstige Position zu Ihrem Sternzeichen. Das wirkt sich sehr günstig auf Ihr Liebesleben aus. Erwarten Sie nicht gleich den Himmel auf Erden, aber Sie haben mehr Glück als sonst. Nach der Mitte des Monats könnte es auch zu einer Eintrübung Ihrer Liebesaussichten kommen. Tragen Sie es mit Würde, wenn Sie nicht so viel Liebe empfinden wie sonst.

Erfolg Bis zum 18. versorgt Mars Sie mit Energie. Aber dann bekommen Sie keine Kraft mehr vom Himmel, müssen sich also selber darum kümmern. Wie das geht? Leben Sie gesund und betreiben Sie Sport. Bei Ihrer Ernährung achten Sie bitte darauf, dass Sie die richtigen Mineralien und Vitamine bekommen. Auskunft erhalten Sie in jeder Drogerie oder Apotheke.

Gut für Inneres und äußeres Wachstum

☹ ***Schlecht für*** Einsatz vortäuschen, so tun als ob

✦ ***Die besten Sternepartner*** Steinbock, Krebs, Jungfrau

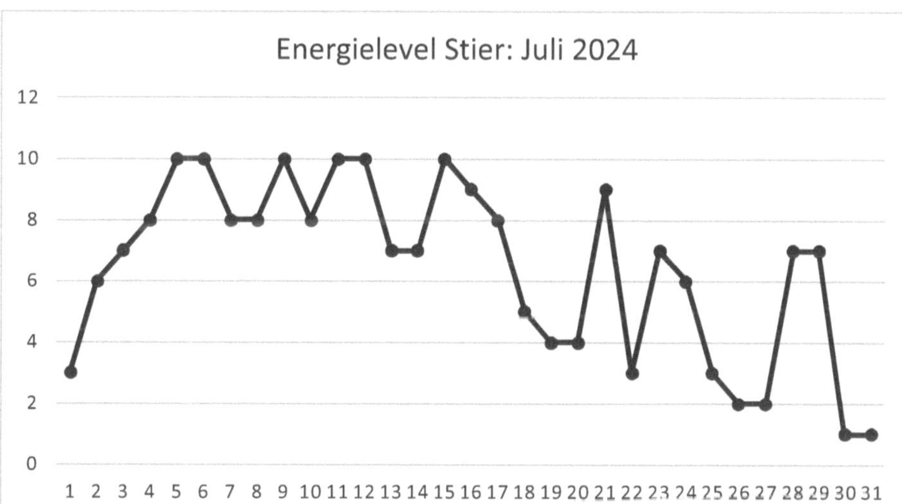

AUGUST

♥ ***Liebe*** Der Liebesplanet Venus hält den ganzen Monat über seine Hand schützend über Sie. Das sorgt mit allem, was Spaß macht, für Glückshormone. Das kann manchmal Schokolade sein, ein Live-Konzert oder eine durchtanzte Nacht. Manche finden auch einen besonderen Kick im Sport.

🏆 ***Erfolg*** Ein Reisetipp noch an dieser Stelle: Besuchen Sie Orte, die Ihnen völlig neu sind. Mit Uranus im Reisegepäck wird das viel spannender als ein Trip als Wiederholungstäter. Außerdem empfinden Sie tiefes Glück im Kreis von lieben Freunden, weil Sie sich akzeptiert, respektiert und geborgen fühlen. Pflegen Sie daher Ihre Freundschaften wie eine Ehe.

👍 ***Gut für*** Selbstbestätigung

☹ ***Schlecht für*** Sich runterziehen lassen.

✨ ***Die besten Sternepartner*** Krebs, Jungfrau, Steinbock

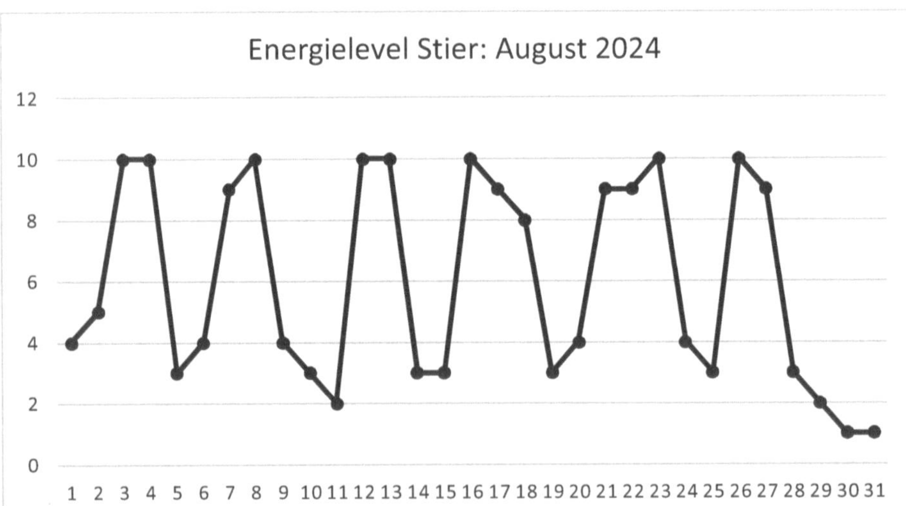

Ihre ganz persönlichen Sterne im

SEPTEMBER

♥ ***Liebe*** Ihr Liebesleben kann sich dank Mars im freundlichen Sextil zu Ihrem Sternzeichen voll entfalten. Sie begegnen Ihrem Partner neu, ohne Erwartungen, ohne ihm etwas nachzutragen, sind einfach froh, dass es ihn gibt. Die Sonne als Regent des neuen Jahres im Trigon zu Ihrem Sternzeichen schenkt Ihnen mehr Mut und Selbstvertrauen.

🏆 ***Erfolg*** Die Sonne in der Jungfrau und Mars im Tierkreiszeichen Krebs spenden Selbstvertrauen und wecken sogar den Wunsch, Verantwortung zu übernehmen. Sie sind bereits erfolgreich? Bravo, aber es geht noch besser. Sie erhalten mehr Spielraum und dürfen Projekte selbst verantworten. Die Sonne macht Sie mutig. So mutig, dass Sie mehr Geld und Anerkennung fordern.

👍 ***Gut für*** Brainstorming

☹ ***Schlecht für*** Sich gehen lassen

✨ ***Die besten Sternepartner*** Steinbock, Skorpion

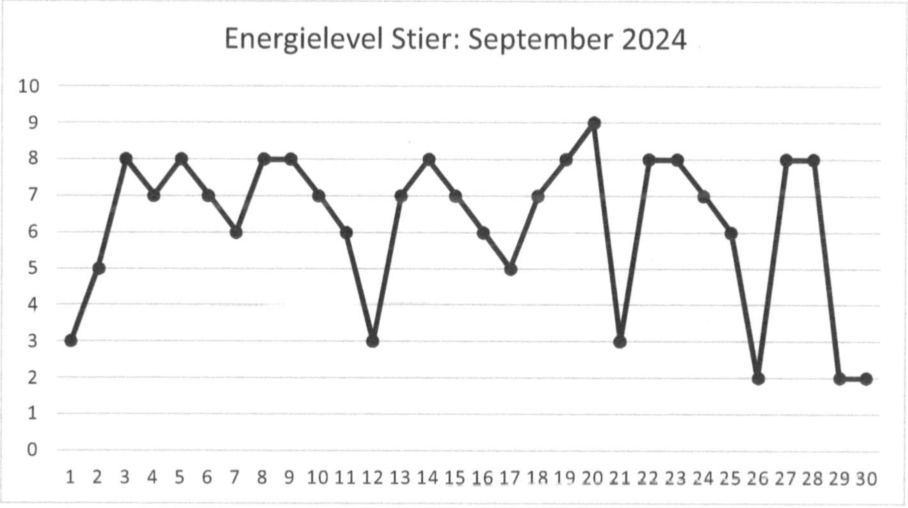

OKTOBER

Liebe Die Planeten Mars und Venus haken sich unter. Das hat eine magische Wirkung auf Ihr Liebesleben: Ihr Sex erwacht, neue Partner treten in Ihr Leben, in Ihren Beziehungen knistert es. Ganz besondere Fortune ist Paaren beschieden, die jetzt an den Traualtar treten, um zu heiraten.

Erfolg Die Sterne für Ihren beruflichen Alltag sind weniger freundlich. Viele Karriereampeln stehen auf Gelb, signalisieren somit, dass ein vorsichtiges und behutsames Vorgehen richtig ist. Sie benötigen unbedingt immer wieder Phasen für Erholung, damit Sie hundertprozentig funktionieren. Gleich zum Monatsanfang saugt auch noch das Neumondloch an Ihrer Kraft: Ganz easy nehmen! Dann, ab dem 18. schalten die Ampeln auf Grün, und zum Monatsende sind Sie jeder Herausforderung gewachsen.

Gut für Höhepunkt

Schlecht für Selbstzweifel

Die besten Sternepartner Steinbock, Jungfrau, Stier

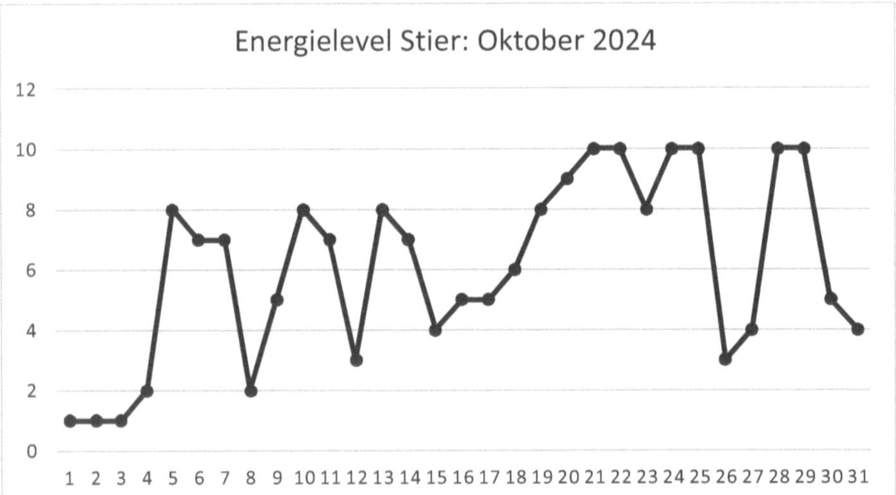

NOVEMBER

♥ ***Liebe*** Bis zum 10. des Monats sind Ihre Aussichten bestens. Sie haben grünes Licht. Vielleicht erwischt Sie sogar die große Liebe. In jedem Fall genießen Sie Nähe und Intimität. Das setzt allerdings voraus, dass Sie nicht zu lässig mit Ihren Gefühlen und denen Ihres Partners umgehen. Die Sonne steht nämlich jetzt im Tierkreiszeichen Skorpion und verlangt Tiefe und Hingabe.

🏆 ***Erfolg*** Sie dürfen auch mit der Erfüllung beruflicher Hoffnungen rechnen. Das Energieloch um den Neumond am 1. November ist dieses Mal besonders stark. An den letzten zehn Novembertagen, scheint jeder nur von Ihnen etwas zu wollen. Immer schön durchatmen – und nicht durchdrehen!

👍 ***Gut für*** Intensives Leben

☹ ***Schlecht für*** Rückzug

✨ ***Die besten Sternepartner*** Steinbock, Krebs

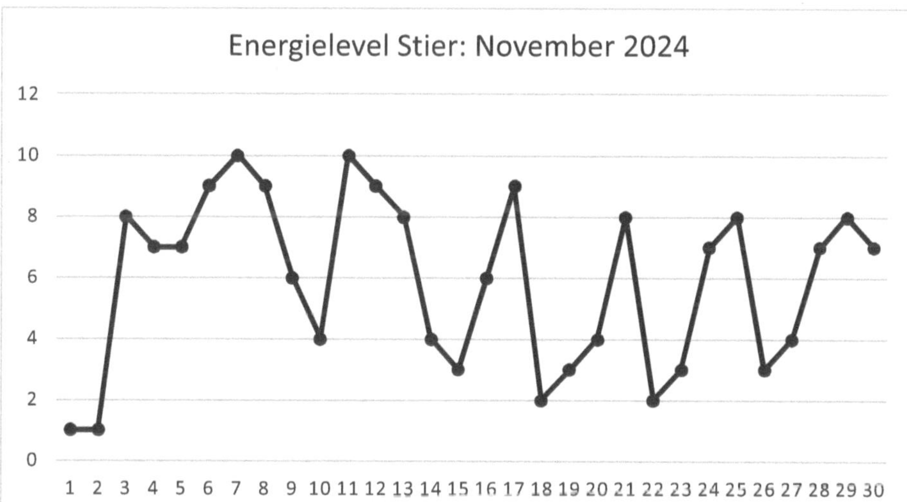

DEZEMBER

♥ ***Liebe*** Was die Liebe angeht, sind die Sterne äußerst sparsam. Der Liebesplanet Venus tritt nicht in Aktion. Aber ein Genießer wie Sie, weiß auch aus wenig viel zu machen. Sie können zum Beispiel Ihren Partner mit einem besonders netten Weihnachtsgeschenk überraschen. Wie wäre eine Ski-Tour der eine Reise in den Süden.

Erfolg Bis über die Monatsmitte hinaus sind Sie in Topform. Das wirkt sich vor allem im Beruf günstig aus: Sie reagieren rascher, sind konzentriert und haben zum richtigen Zeitpunkt die richtigen Ideen. Auch wenn es darum geht, anderen Mut zuzusprechen, sind Sie zur Stelle, was Sie bei Ihren Kollegen und Freunden äußerst beliebt macht.

Gut für Sich etwas gönnen

☹ ***Schlecht für*** Selbstdisziplin, sich beherrschen können

✨ ***Die besten Sternepartner*** Steinbock, Jungfrau

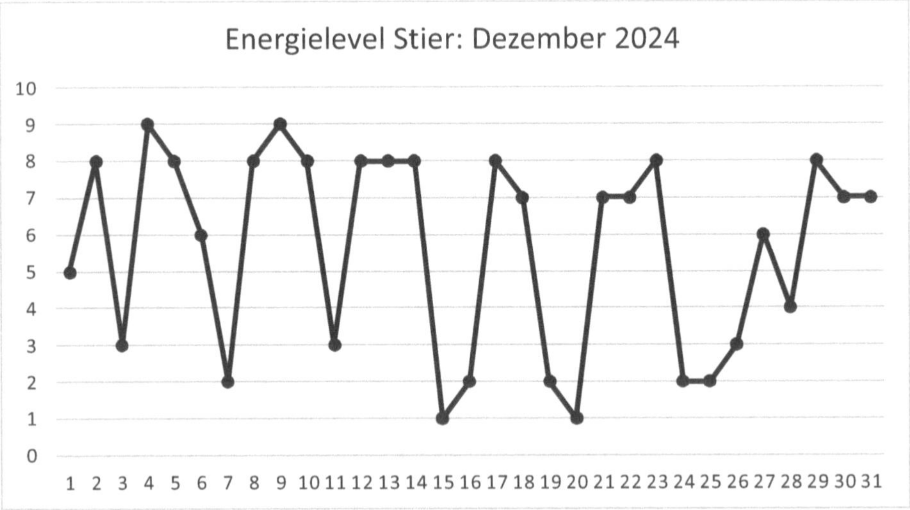

ZWILLINGE

(22. Mai bis 21. Juni)

Die Sonne bestimmt, wie 2024 wird. Sie ist die Regierung für das Jahr und weckt Ihre besten Eigenschaften: Wissen, Erfahrung und Freundlichkeit. Allein das reicht schon für ein erfolgreiches Jahr. Aber es gibt noch zwei weitere Plus: Pluto und Jupiter. Der eine, Pluto, der Sie jahrelang links liegen gelassen hat, zeigt Ihnen 2024 seine positiven Seiten. Er befindet sich im freundlichen Trigon zu Ihrem Sternzeichen und kann so seine positiven Einflüsse voll geltend machen, nämlich, dass Sie mehr zu sagen haben. Als Zwilling besitzen Sie nämlich eine ganz wichtige Aufgabe im Leben. Sie sollen dafür sorgen, dass sich die Menschen unserer Welt verstehen, miteinander leben und gut auskommen. Vielleicht erhalten Sie sogar eine verantwortliche Position. Aber auch wenn es einfach so weitergeht, wie bisher, werden Sie mehr zu sagen haben als bisher. Vielleicht schreiben Sie auch für eine Zeitung und können dort Ihre Meinung einbringen. Sie wissen auch ganz instinktiv, dass es so wie bisher nicht weitergeht. Die Welt muss sich ändern, soll freundlicher und gerechter werden. Dieses Anliegen werden Sie 2024 vertreten.

Ein weiterer wichtiger Planet ist Uranus. Er befindet sich im Stier und damit im Zeichen neben Ihnen und besitzt dadurch auch einen starken Einfluss. Was will er? Die Antwort lautet Freundschaft und Versöhnung. Sie werden 2024 mit den Menschen, die Sie kennen, näher zusammenrücken und viele neue Freunde dazu gewinnen.

Besonders glücklich werden Sie über Planet Jupiter sein. Dieser Stern betritt am 25. Mai Ihr Sternzeichen. Wenn Sie jetzt hören, wie sein zweiter Name, nämlich Glücksplanet, lautet, Wissen Sie, was Sie 2024 erwartet: tolle Chancen im Beruf, mehr Geld und eine bessere Lebensqualität. Mit Jupiter in Ihrem Sternzeichen bekommen Sie vielleicht auch Lust, Ihr Leben zu verändern, einen neuen Beruf zu ergreifen oder etwas zu lernen, was Ihnen schon immer vorschwebt. Was immer es ist, Jupiter wird

Sie unterstützen.

Auch Saturn ist wichtig. Er passt auf, dass Sie keine Dummheiten machen. Denn wie gesagt, Sie haben durch Jupiter, die Sonne und Uranus wahrhaftig tolle Sterne. Da könnte man leicht der Meinung verfallen jetzt wären Ihnen keine Grenzen gesetzt. Falsch, ganz falsch! Sie brauchen diesen Saturn, um Ihr Leben wirklich zu verbessern.

LIEBE

Die Sonne und Pluto stärken Ihre Liebesfähigkeit, sorgen dafür, dass Sie Entspannung, Freizeit und Vergnügen mehr Platz einräumen. Sie genehmigen sich öfters Abende, an denen Sie ausgehen, Freunde treffen oder sich mit Ihrem (alten oder neuen) Partner verabreden. Auch Ihre Hormone erleben eine Art Frühling: Sex macht Spaß – und Spaß steht Ihnen zu. So einfach ist das. Von dieser Lebenslust profitieren Singles genauso wie Paare: Sie haben mehr Lust auf- und miteinander. Die zweite Hälfte des Jahres verspricht ebenfalls herrliche Zeiten für die Liebe, denn Jupiter steht in Ihrem Sternzeichen. Paare, die sich in diesem Jahr gefunden haben, ziehen vor den Traualtar. Und Singles? Sind keine mehr – und schauen sich nach einer gemeinsamen Wohnung um.

Sterne strahlen, Träume leben -
Erfolgsjahr 2024!

KARRIERE

Die beste Nachricht vorab: 2024 sind Sie mit sich zufrieden. Es ist ein Gefühl, das von innen kommt. Sie fühlen sich gut. Glück definieren Sie weder ausschließlich über Ihren Job, noch Ihr Einkommen. Ihrer Strahlkraft ist es zuzuschreiben, dass man auf Sie aufmerksam wird. Sie sind eine Bereicherung für jedes Unternehmen, denn Sie tragen Eigenschaften in sich, die man so sonst nirgends findet: Sie sind humorvoll, teamfähig, optimistisch. Dieser Wunder-Mix lässt Sie noch erfolgreicher sein als bisher. Ob sie Angestellter, Unternehmer oder Freiberufler sind.

Lassen Sie mich noch einmal auf Pluto zu sprechen kommen: dieser mächtige Stern befindet sich im freundlichen Trigon zu Ihrem Sternzeichen. Damit verfügen Sie über sämtlichen positiven Errungenschaften, Fähigkeiten und Kräfte Ihrer Ahnen. Das macht Sie unbändig stark und lebenserfahren. Allerdings müssen Sie für diese Kräfte offen sein. Das bedeutet, an diejenigen respektvoll zu denken, die vor Ihnen waren.

CHARAKTER	Neugierig, lebhaft, vielseitig
PERSÖNLICHES AUFTRETEN	Gewandt, charmant, gewinnend
FÜHLEN	Dualistisch
STEIN	Karneol
TIER	Fuchs
PFLANZE	Efeu
BESTER TAG	Mittwoch

JANUAR

♥ ***Liebe*** Die Liebe richtet sich bei Ihnen in erster Linie nach dem Lauf des Planeten Venus. Steht sie zu Ihrem Sternzeichen in einem günstigen Winkel wie jetzt im Januar kommen gleich mehr Lust und Freude in Ihrem Leben auf – und entsprechend häufen sich für Singles spannende Dates und wird in Partnerschaften mehr geturtelt und Liebe gemacht.

Erfolg Der Januar wird eher durchschnittlich. Es heißt Pflichten erledigen, Dienst nach Vorschrift schieben und nicht gleich aufbegehren, wenn etwas gegen Ihren Kopf läuft. Die Früchte dieses souveränen Verhaltens ernten Sie noch im Januar. Zum Ende des Monats sind die Liebessterne ganz besonders großzügig zu Ihnen: Eine Überraschung ist angesagt.

Gut für Ruhe und Gelassenheit

☹ ***Schlecht für*** Aktionen ganz egal, welcher Art

✨ ***Die besten Sternepartner*** Sie selbst

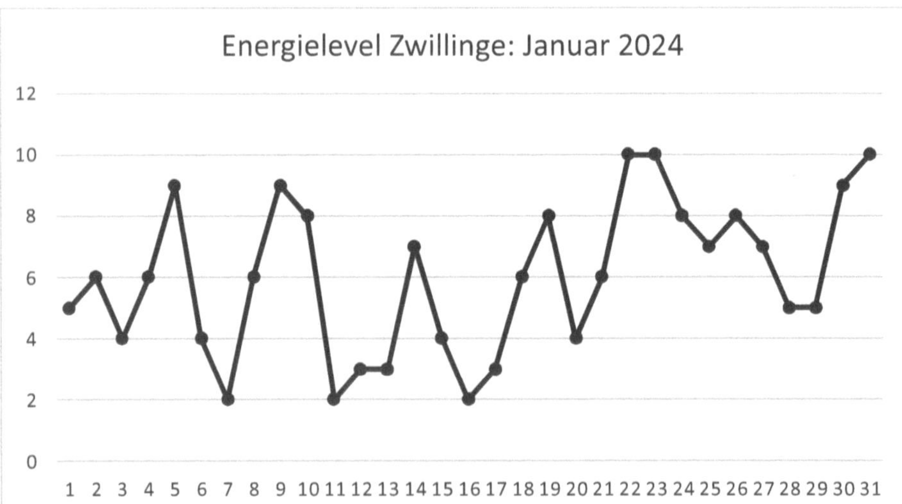

FEBRUAR

Jetzt befindet sich Pluto im Sternzeichen Wassermann, wo er beinahe 20 Jahre bleibt. Da ist es bestimmt nicht falsch, sich jetzt schon darauf einzustellen: Pluto verlangt Veränderung. Es heißt, Gewohnheiten loszulassen, um dadurch Neuem, Besserem Platz zu machen.

♥ ***Liebe*** Die Sonne und Merkur helfen Ihnen, das Leben von der leichten Seite zu nehmen. Mars und Venus allerdings halten sich bis zur Monatsmitte im Steinbock auf, einer für Sie eher ungünstige Position. Große Liebesgeschichten laufen, wenn überhaupt erst nach dem Fasching in der zweiten Hälfte des Monats.

Erfolg Der Monat schenkt Ihnen bestimmt die eine oder andere Vergünstigung. Aber ein großer Erfolg bleibt aus. Saturn blockiert, und Jupiter steht auch nicht auf Ihrer Seite. Da muss man zufrieden sein, wenn kleine Dinge gelingen.

Gut für Menschen, die fest an Ihrer Seite stehen

☹ ***Schlecht für*** Keine Verantwortung für Ihr Leben übernehmen.

✨ ***Die besten Sternepartner*** Wassermann Zwillinge, Schütze

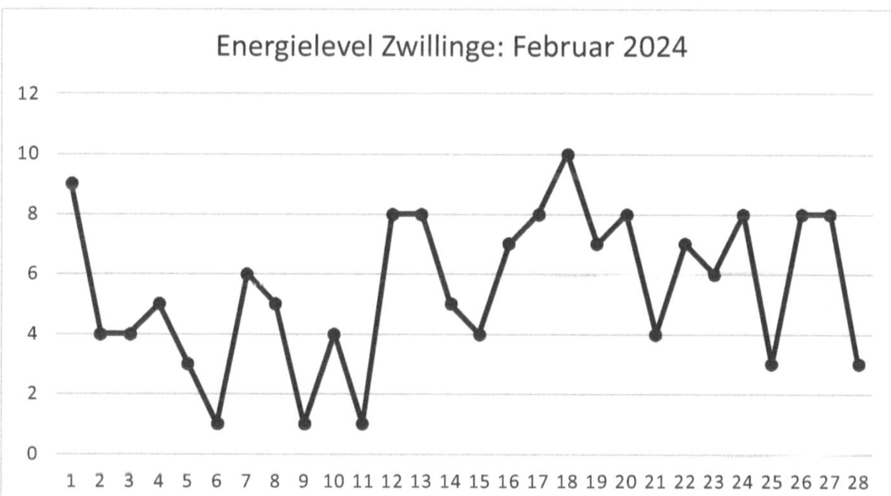

Ihre ganz persönlichen Sterne im

MÄRZ

♥ ***Liebe*** Bis zum 10. März spielt Liebe die Hauptrolle in Ihrem Leben. Ob es gleich zu einer heißen Affäre kommt, ist ungewiss, aber sicher haben Sie viel Spaß mit Ihrem Partner. Leider können Sie Ihre tollen Liebesaussichten nicht mit hinüber in den Frühling nehmen. Er beginnt am 20., aber von Mars und Venus, den Planeten, die sich um die Liebe kümmern, ist jetzt weit und breit nichts mehr zu sehen.

Erfolg Venus und Mars verhelfen Ihnen zu guten Geschäften, bzw. vorteilhaften Verhandlungen mit Kunden, Kollegen und Chefs. Da springt ganz bestimmt etwas für Sie heraus. Wenn dann am 20. die Sonne offiziell den Frühling einläutet, läuft für Sie eher reine Routine. Größere Vorteile jedenfalls bleiben aus.

Gut für Zeit für die Liebe

☹ ***Schlecht für*** Nach dem 6. März nicht bereit sein für Veränderungen

✨ ***Die besten Sternepartner*** Waage, Zwillinge, Schütze

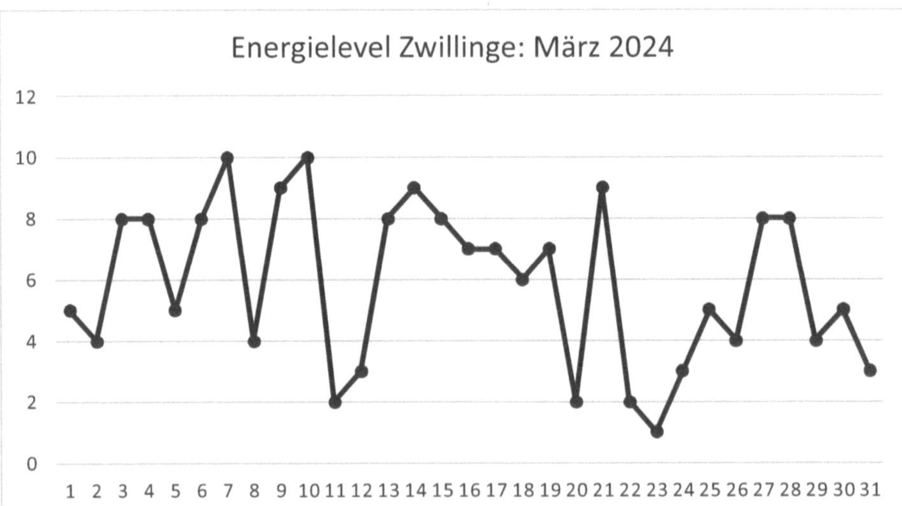

APRIL

♥ ***Liebe*** Mars im Tierkreiszeichen Fische steuert auf Neptun zu. Für die Liebe bedeutet das, dass es nicht mehr darauf ankommt, wie man aussieht und ob man guten Sex hat, sondern darauf, ob man sich versteht, ja mehr noch, sich ergänzt. Mit diesen Neptun- und Marspositionen begegnen sich nicht mehr zwei Menschen, sondern zwei Seelen.

Erfolg Solange die Sonne im Tierkreiszeichen Widder steht, also bis zum 20., kommen Sie im Job gut zurecht. Merkur verbindet sich außerdem mit Venus. Das führt dazu, dass alles, was Sie sagen, glaubhaft wirkt.

Gut für Erfüllung in der Liebe

Schlecht für Sich keine Zeit lassen für die schönen Dinge des Lebens

Die besten Sternepartner Zwillinge, Schütze

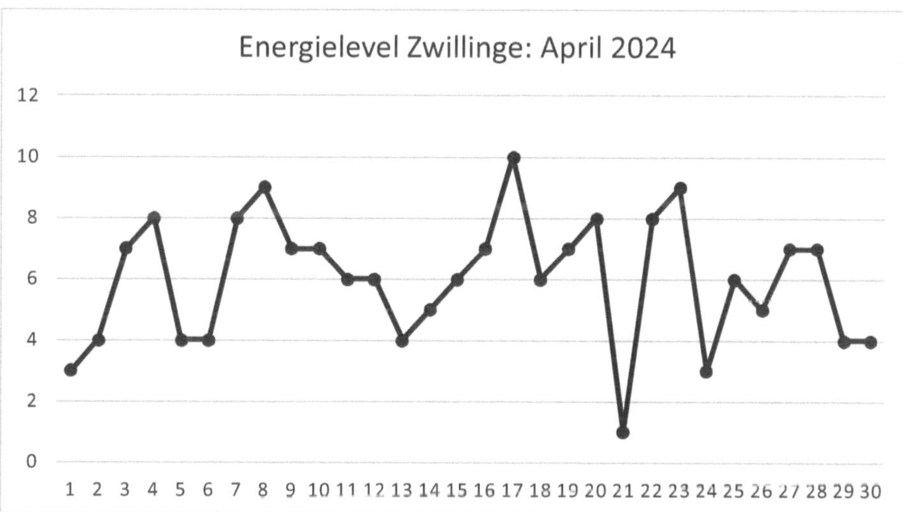

MAI

♥ ***Liebe*** Wenn in der letzten Maiwoche Venus Ihr Sternzeichen betritt, erblüht die Liebe. Alles spricht dafür, dass ein Mensch in Ihr Leben kommt. Sie werden sich in dieses Wesen verlieben und es sich in Sie. Sind Sie Single, werden Sie eine herrliche Zeit erleben, und wahrscheinlich haben Sie Ihren Lebenspartner gefunden. Sind Sie fest liiert, existieren zwei Möglichkeiten. Die eine ist die, dass Sie ausbrechen, weil Sie überzeugt sind, dass Sie den besseren Partner gefunden haben. Die andere lautet, dass Sie zu dem neu in Ihr Leben getretenen Menschen eine eher seelische Liebe empfinden, die aber Ihre bestehende Zweierbeziehung belebt.

Erfolg Mit allen wichtigen Angelegenheiten sollten Sie bis zum Ende des Monats warten, dann stehen die Sterne eindeutig günstiger. Bis es so weit ist, zählt Routine. Sie werden trotzdem den einen oder anderen Vorteil herausschlagen.

Gut für Nehmen, wie es kommt

☹ ***Schlecht für*** Verpulvern Sie Ihre Energie nicht Für Projekte, die nichts einbringen.

✦ ***Die besten Sternepartner*** Wassermann, Waage, Schütze

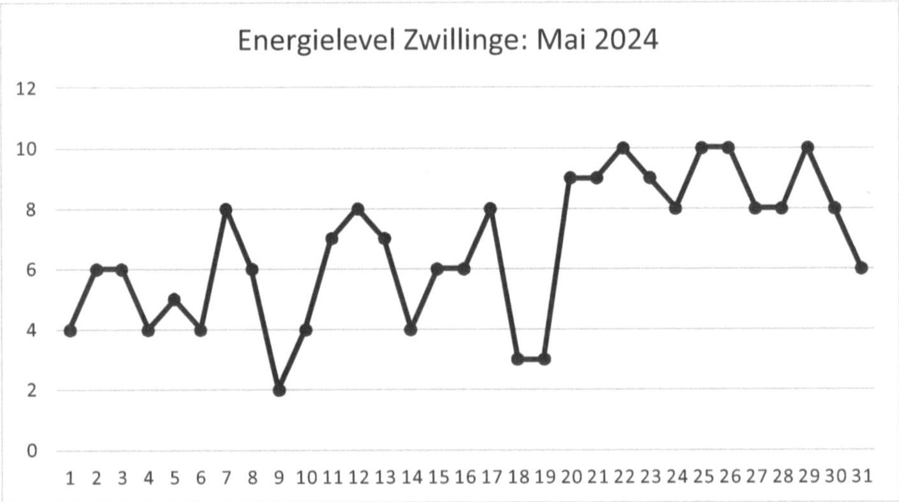

JUNI

Liebe In der ersten Juniwoche steht Planet Mars in einer günstigen Position zu Ihrem Sternzeichen. Manche unter Ihnen erleben wahrscheinlich allerschönste Momente. Dann zieht Mars ein Zeichen weiter. Jetzt fehlt es Ihnen an der rechten Leidenschaft. Noch ungünstiger wird es dann ab dem 17. des Monats: da verlässt Sie Venus.

Erfolg Früher, als das Geld am Ende des Beschäftigungsmonats ausbezahlt wurde, nannte man diesen Tag „Zahltag". Etwas ganz Ähnliches gilt für Sie beinahe den ganzen Monat Juni über. Die Sonne, Venus und Jupiter ziehen durch Ihr Sternzeichen Zwillinge. Da geht es aufwärts, unter Umständen vielleicht sogar rasend schnell. Gönnen Sie sich etwas. Sagen Sie sich wieder einmal, dass das Leben da ist, um sich zu freuen und um sich etwas zu gönnen.

Gut für Kluges Handeln, Gas geben, Liebe

Schlecht für Veränderungen, neue Initiativen, Erweiterungen Ihres Wirkungsbereiches

Die besten Sternepartner Wassermann, Zwillinge, Schütze

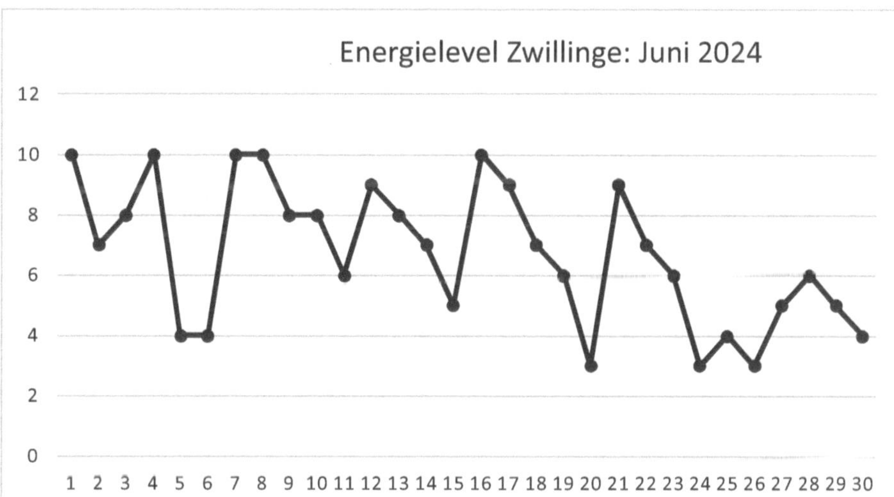

JULI

Liebe Jupiter, der Glücksplanet, zieht durch Ihr Sternzeichen. Überall, privat wie beruflich, in der Liebe und beim Geld, sind Sie daher das Sternzeichen, das beschenkt wird. Vielleicht sind Sie auch zum ersten Mal verliebt. Wenn Ihr momentaner Partner nicht gerade ein ganz schwieriges Horoskop besitzt, rücken Sie ganz bestimmt wieder näher zusammen und kosten dieses wunderbare Gefühl, nicht allein auf dieser Welt zu sein.

Erfolg Sie segeln im Juli unter günstigem Wind: Jupitersorgt dafür, dass Sie beneidenswert lässig durchs Leben gehen – und das, obwohl Saturn im Quadrat zu Ihrem Sternzeichen steht. Da ist es nicht schlecht, wenn Sie sich mit Saturnanfreunden, ihn anerkennen, ihn annehmen. Dann können Sie mit ihm – und er mit Ihnen. Sie wissen, dass Sie mit Saturn im Leben etwas zu Wege bringen.

Gut für Eine Beziehung beginnen

☹ **_Schlecht für_** An Problemen hängen bleiben

Die besten Sternepartner Wassermann, Zwillinge, Schütze

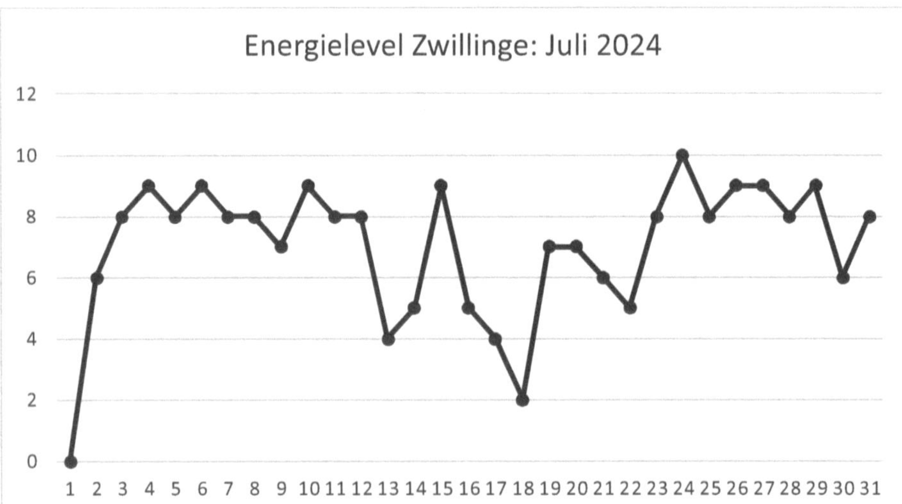

AUGUST

Liebe Die Sonne als Regent des neuen Jahres bringt enorme Lebensfreude und noch mehr Sinnlichkeit. Mars weckt Leidenschaft. Paare sollten eine kleine Reise unternehmen. Ein zauberhafter Ort macht glücklich. Singles haben die größten Chancen auf vielversprechende Begegnungen rund um den Vollmond am 19. August.

Erfolg Jupiter, der Glücksplanet, steht in Ihrem Sternzeichen und fördert Ihre Weiterentwicklung. Sogar Pluto gibt seinen Segen: Sie werden wachsen. Zwei Wege führen zum Erfolg: Harte Arbeit und Glück. Ersteres müssen Sie erbringen, um das Glück kümmern sich die Sterne.

Gut für Sich von seiner besten Seite zeigen

Schlecht für Sich selbst zu wenig zutrauen

Die besten Sternepartner Wassermann, Löwe

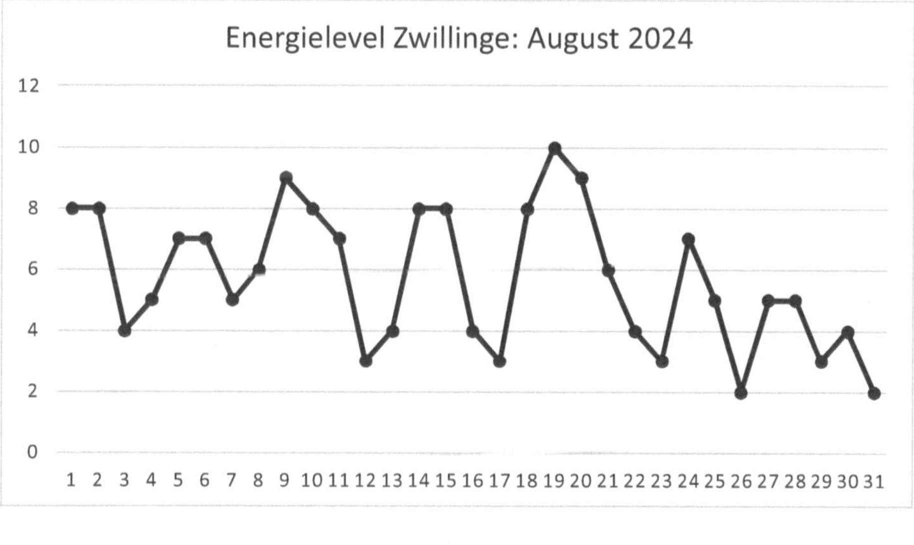

SEPTEMBER

♥ ***Liebe*** Jupiter ist schuld. Dieser Planet sieht steht in Ihrem Sternzeichen. Da haben Sie Grund zur Freude und erleben mehr Leidenschaft. Vor allem im Bett. Wie dieses Wunder zustande kommt? Sie sind unheimlich romantisch und erfinderisch, spielen wieder gerne mit Ihren Reizen und überlegen sich, was Ihrem Partner Spaß machen und gefallen könnte.

Erfolg Sie müssen lernen, sich auch in der Freizeit fallen zu lassen. Ein Faulenzer-Wochenende ist nicht vergeudet, sondern ein Gewinn. Ihr Körper, manchmal auch die Psyche, brauchen Boxenstopps. Suchen Sie Orte auf, die Ihnen Ruhe spenden. Vor allem rund um den Neumond am 18. September sind Pausen dringend angesagt. Ein Herbstspaziergang zum Beispiel ist goldrichtig.

Gut für Liebe erleben und genießen

☹ ***Schlecht für*** Sich selbst zurückhalten

✨ ***Die besten Sternepartner*** Waage

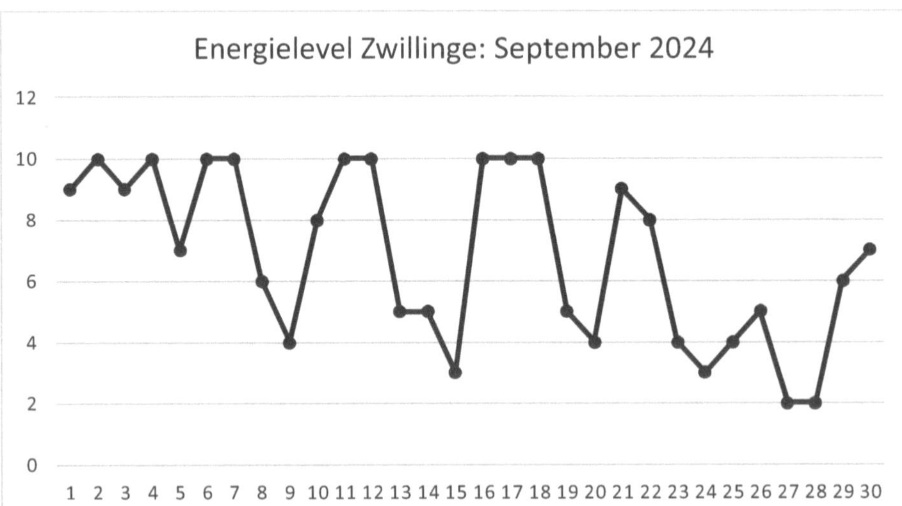

OKTOBER

♥ ***Liebe*** Was die Liebe angeht, fühle Sie sich ein bisschen wie ein Tiger im Käfig, sind unruhig und nervös, haben Fernweh und versuchen, diesem Zustand zu entkommen und Ihren Wunsch auf Zweisamkeit irgendwie zu befriedigen. Rund um den Vollmond am 17. Oktober gibt es nichts schöneres als ein Rendezvous mit Ihrem alten beziehungsweise einem neuen Partner. Sie werden sehr glücklich sein.

Erfolg Im Oktober laufen die Dinge auf Zwillingsart, nämlich fröhlich, frisch, leicht, unkompliziert - in Ihrem Sinne eben. Ab dem 20. zeigt die kosmische Uhr zwar wieder auf Stress, aber Sie sind fit und genießen dieses Chaos sogar.

Gut für Venus Im Skorpion verdoppelt Ihre erotische Ausstrahlung und Jupiter verbindet Sie mit den richtigen Leuten.

☹ ***Schlecht für*** Immer nur die Nachteile sehen und nicht die Vorteile

✨ ***Die besten Sternepartner*** Widder, Waage, Schütze

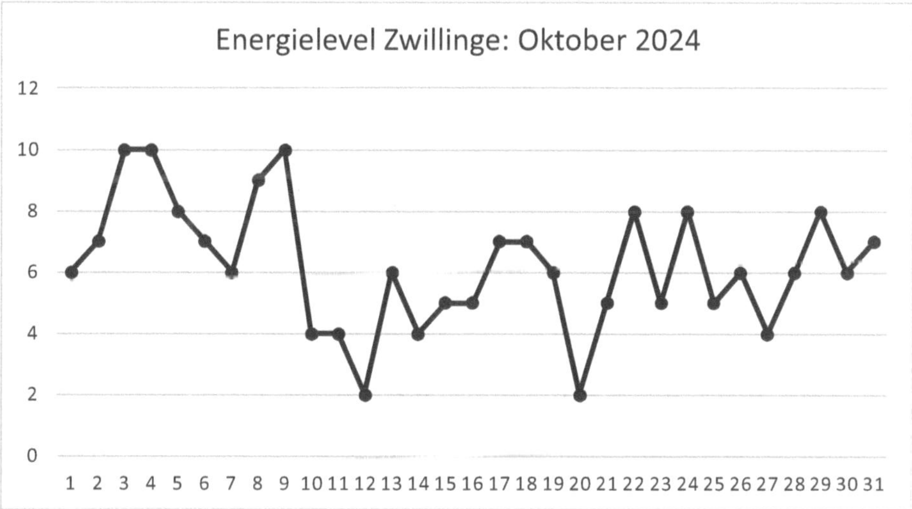

NOVEMBER

♥ ***Liebe*** Der Vollmond am 15. November läutet eine interessante Zeit für Sologänger ein: Zauberhafte Begegnungen finden statt, man glaubt sich schon ewig zu kennen, heiß und leidenschaftlich lodern die Gefühle

🏆 ***Erfolg*** Am 10. des Monats, beginnt eine verflixte Zeit, in der kaum etwas ohne Stress über die Bühne geht. Ihrer tollen Gefühlslinie ist es zu verdanken, dass Sie trotzdem lächeln. Die letzte Novemberwoche offeriert ein Hoch. Dafür verantwortlich sind Mars und Jupiter, die Ihren Hormonspiegel regelrecht in die Höhe schnellen lassen.

👍 ***Gut für*** Liebe, Lust und Leidenschaft

☹ ***Schlecht für*** Sich selbst zurückhalten und bremsen

✨ ***Die besten Sternepartner*** Waage, Zwillinge, Wassermann

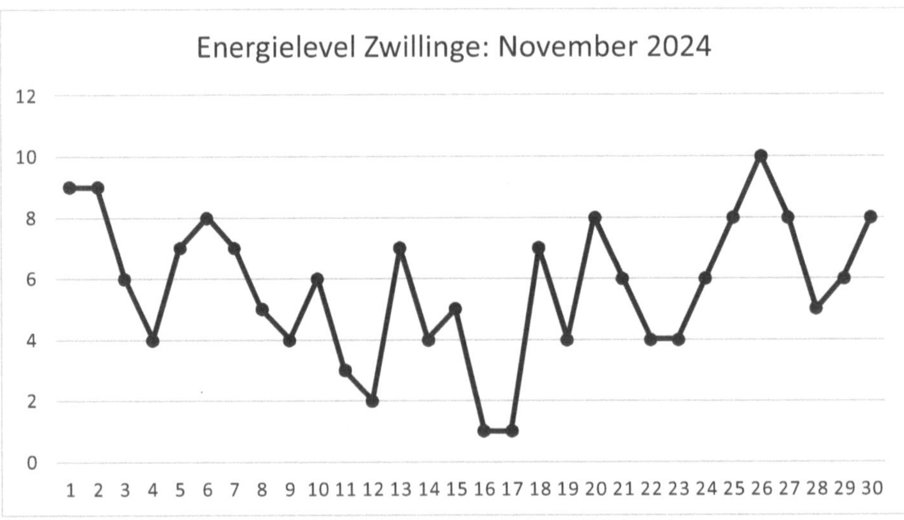

DEZEMBER

Liebe Die Sterne befinden, dass Sie die/der Schönste und Beste sind und erklären Sie zum erotischen Star. Je mehr Sie sich dies selbst vorsagen, um so toller wird die Zeit. Kein Wunsch ist unmöglich. Sie müssen auch nicht bis Heiligabend warten, um Ihre Wünsche vorzutragen. Im Dezember ist die Liebe den ganzen Monat über heiß und vielversprechend.

Erfolg Sie haben zu viel Temperament, rasten schnell aus und nehmen gleich alles auf die Hörner, was sich Ihnen in den Weg stellt. Ob es nicht auch etwas gnädiger geht? Ein regelrechter Hammer wird die Woche vor Weihnachten: Fahren Sie vorsichtig, reden Sie nicht zu viel und entspannen Sie sich, so gut es geht!

Gut für Grosse Schritte nach vorne und nach oben machen.

Schlecht für Sich von schlechten Gefühlen einfangen lassen

Die besten Sternepartner Krebs, Löwe, Waage

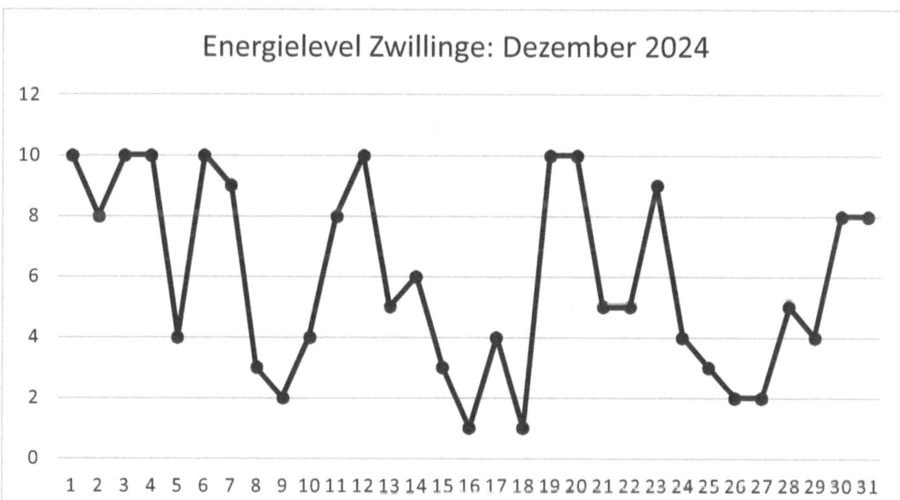

KREBS

(22. Juni bis 22. Juli)

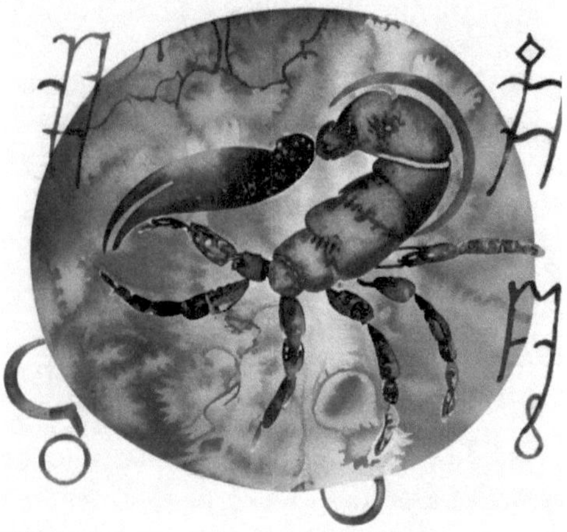

Jedes Sternzeichen besitzt ein Gestirn, das es führt und lenkt. Bei Ihnen ist es der Mond. Er verleiht Ihnen Ihr tiefes Empfinden und Ihre große Intuition. 2024 regiert zwar die Sonne, aber so wie der Mond droben am Himmel von der Sonne sein Licht empfängt, werden auch Sie im kommenden Jahr großzügig von der Sonnebeschenkt. Angenommen Sie haben einen sicheren Job, sind zum Beispiel verbeamtet, dann müssen Sie allerdings im kommenden Jahr mit der einen oder anderen Widrigkeit rechnen. Warum? Weil Planet Pluto stark auf Ihr Sternzeichen einwirkt. Er will nicht, dass alles immer so weitergeht, wie bisher. Hingegen haben Sie ein tolles Jahr vor sich, wenn Sie zum Beispiel ein Freiberufler sind und jeden Tag damit rechnen müssen, dass etwas anderes geschieht. Pluto und die Sonne machen Sie stark.

In der ersten Jahreshälfte steht Jupiter in einer großartigen Position. Er wird Sie führen und begleiten und Ihnen verraten, wo es etwas zu holen gibt: Mehr Geld, mehr Verantwortung, mehr Lebensfreude, darum wird sie Jupiter kümmern.

Saturn ist für Sie auch ein wichtiger Planet. Er befindet sich 2024 im freundliche Trigon zu Ihrem Sternzeichen. Allerdings steht er im Abschnitt Fische, einem Wasserzeichen. Da sind seine Vorgaben nicht so präzise wie sonst. Das macht Ihnen vielleicht manchmal ein bisschen Angst, wenn es drunter und drüber geht. Aber letztendlich garantiert Saturn ein happy end.

2024 kommen Ihre Sterne vor allem denjenigen unter Ihnen zugute, die bereits in Rente sind oder aus irgendwelchen anderen Gründen nicht mehr arbeiten. Sie sollen sich in etwas Neues stürzen. Das kann alles sein, nur nicht das, was Sie schon Ihr Lebtag lang machen. Vielleicht lernen Sie Astrologie oder beginnen ein anderes, mediales Studium. Vielleicht drücken Sie wieder die Schulbank in einem Fortbildungskurs der Volkshochschule oder werden ehrenamtliche Helfer in einem Sozialbereich.

LIEBE

Der Regent des Jahres, die Sonne, wird Ihnen ein glänzendes Jahr der Liebe mitjeweils absoluten Höhepunkten rund um den Vollmond zaubern. Allerdings setzt dies eine stimmige Partnerschaft voraus: Sie lieben und verstehen sich, achten sich gegenseitig und versuchen nicht,sich in irgendein Wunschbildzu pressen. Dann wird alles noch schöner. Unstimmigkeiten werden Sie 2024 schmerzlicher empfinden als sonst. Dann muss gehandelt werden und mit Hilfe von Saturn, einem Profi für derartige Probleme, wird Ihnen das auch in den allermeisten Fällen gelingen. Sie sind Single und das womöglich schon seit längerem? Dann stimmen Sie sich schon anfangs des Jahres darauf ein, dass Sie 2024 den Menschen finden werden, der zu Ihnen passt. VerbindenSie sich mit dem Mond. Immer, wenn er zunimmt, wird Ihre Ausstrahlung stärker. Vielleicht merken Sie das nicht einmal selbst, aber Ihre Mitmenschen ganz bestimmt. Ein magischer Magnetismus geht von Ihnen aus und zieht Menschen in der Bann. Automatisch sind das solche, die auch zu Ihnen passen. Sie können sich also ruhig darauf einlassen, wenn Sie jemand anspricht. Rund um den Vollmond sollten Sie jeweils bereit sein für ein Treffen. Danach wissen Sie auch, ob Sie zusammen passen oder nicht. Sonne und Neumond im kommenden Jahr finden Sie in den beigefügten Monatshoroskopen.

Sterne führen, Erfolg spüren:
Mystische Wege entdecken!

KARRIERE

Mit Ihren tollen Sternen werdenSie ganz automatisch Ihre berufliche Situation absichern und ausbauen. Neben dem Glanz der Sonne werden

Sie aber auch das ganze Jahr über mit Saturn verbunden sein. Dieses Gestirn wird Ihnen immer zu Hilfe kommen, wenn es schwierig wird, Probleme auftauchen, Sie nicht weiter kommen. Saturn weckt ein Gespür für Macht und verrät Wege, wie man sie erlangt. Dann gibt es auch noch Jupiter. Er umarmt Ihr Sternzeichen im freundlichen Sextil. Bis zum 25. Mai sind Sie grundsätzlich im Vorteil, haben gute Chancen auf Erfolg und mehr Geld. Das Pluto Seinen Einfluss geltend macht und unter Umständen Sie drängt, beruflich einen Vorstoß in eine neue Richtung zu unternehmen, wurde schon gesagt. Die besseren Zeiten liegen in der ersten Hälfte des Jahres.

CHARAKTER	Aufnahmefähig, still, freundlich
PERSÖNLICHES AUFTRETEN	Zurückhaltend, fürsorglich
FÜHLEN	Mitfühlend, innig
STEIN	Perle
TIER	Hase
PFLANZE	Seerose
BESTER TAG	Montag

JANUAR

Liebe Im Januar empfangen Sie von Venus, dem Liebesplaneten eher kühle Wellen: da sind Sie schon glücklich, wenn nachts neben Ihnen im Bett jemand liegt und mit Ihnen kuschelt.

Erfolg Der Januar verdoppelt Ihre Ambitionen. Sie haschen dabei nicht unbedingt nach einem Titel, einer Beförderung. Sie wollen, dass Sie beruflich etwas bewegen, etwas tun, was nachhaltig und sinnvoll ist. Wer lange schon nach einer Arbeit sucht, kann jetzt mit planetarer Unterstützung rechnen. Sie haben die zündende Idee, die ein Unternehmen braucht.

Gut für Etwas Neues ausprobieren und ruhig dabei etwas riskieren

☹ **_Schlecht für_** Immer das gleiche machen

✨ **_Die besten Sternepartne_**r Fische, Jungfrau, Steinbock

Vollmond: 25. 1.

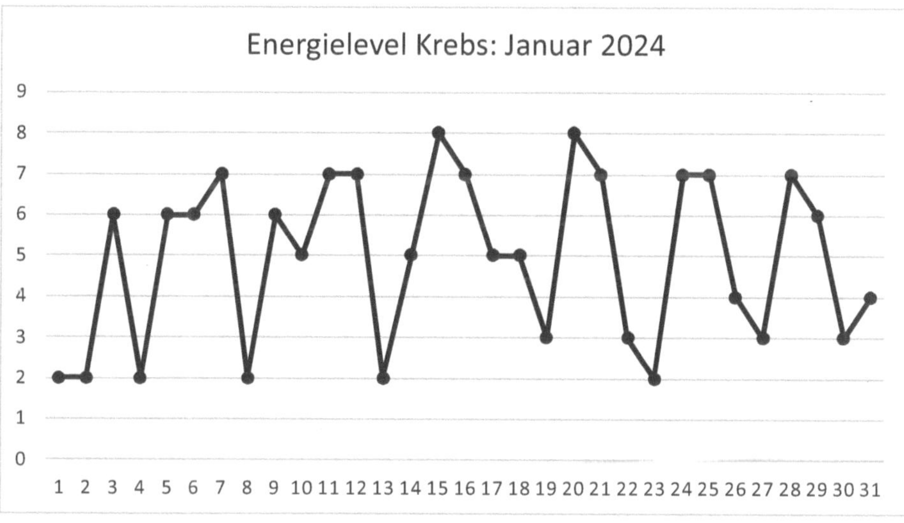

FEBRUAR

♥ ***Liebe*** Mars und Venus, die in der Astrologie für Liebe zuständig sind, halten sich bis zur Mitte des Monats Ihrem Sternzeichen gegenüber im Steinbock auf. Das können Sie ruhig als Einladung sehen, sich mehr der Liebe zu widmen. Das gilt für diejenigen unter Ihnen, die in einer Partnerschaft leben, und auch dann, wenn Sie gerade solo sind. Die zweite Hälfte des Monats bietet dann weniger Amüsement.

Erfolg Bis zum 20. steht die Sonne ungünstig, auch andere Planeten unterstützen Sie nicht wirklich. Dann, ab den letzten zehn Tagen, wird es besser. Jetzt können Sie sogar einen beruflichen Anlauf nehmen, um weiterzukommen. Jupiter hilft.

Gut für Mehr Nähe im Liebesleben

☹ ***Schlecht für*** Sich gehen lassen

Die besten Sternepartner Fische, Krebs, Skorpion

Vollmond: 24.2.

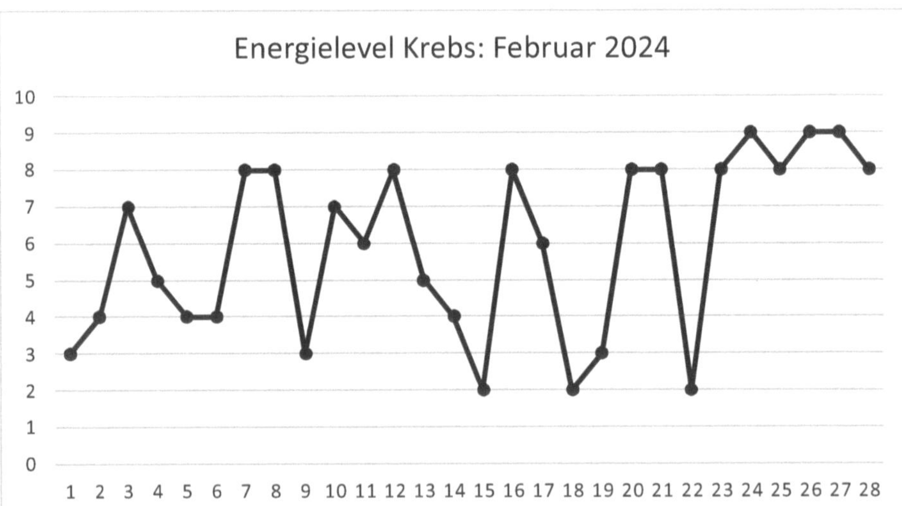

MÄRZ

♥ ***Liebe*** Von der Sonne kommen sehr angenehme Energien. Ihr Herz fühlt sich angesprochen, ist glücklich. Auf die Liebe müssen Sie allerdings warten. Erst am 10. März bezieht Venus eine günstige Position und lädt Sie zu zärtlichen Stunden ein. Am 23. bekommen Sie neue Liebeskraft von Mars. Da jetzt auch bereits Frühling ist, haben Sie bestimmt das eine oder andere schöne Erlebnis.

Erfolg Vielleicht müssen Sie viel arbeiten. Aber sonst gibt es wenig zu klagen. Insbesondere helfen Ihnen Jupiter und Uranus zu einem günstigen Kontostand. Insofern ist es Ihnen im März auch gestattet, das eine oder andere zu riskieren: Sie haben Glück. Wenn Sie sich nach dem Mond richten wollen, dann sollten Sie nach dem Neumond am 10. März aktiv werden. Der Mond unterstützt Sie.

Gut für Geschäfte

☹ ***Schlecht für*** Leichtgläubigkeit, Kindlichkeit

Die besten Sternepartner Stier, Jungfrau, Skorpion, Fische, Krebs

Vollmond: 25.3.

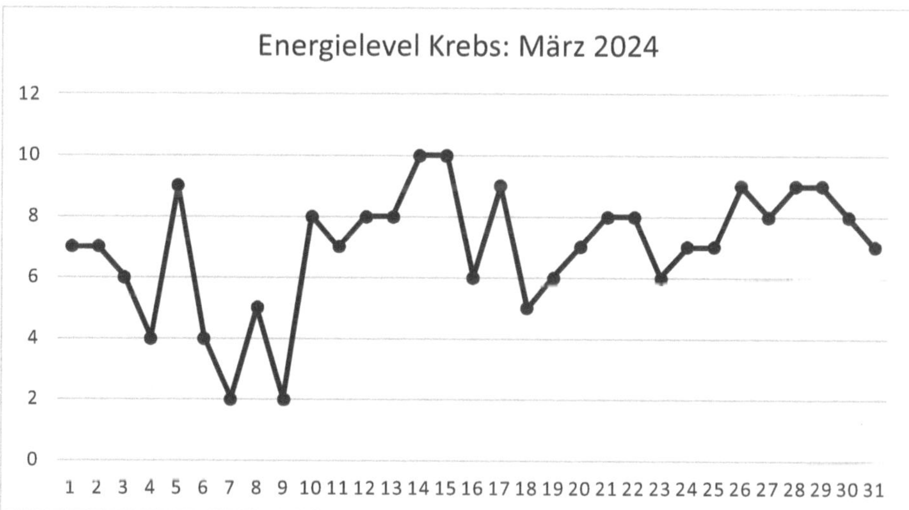

APRIL

♥ ***Liebe*** Solange die Sonne in Tierkreiszeichen Widder steht, also bis zum 20., finden Sie keine innere Ruhe. Aber Sie wissen auch, damit umzugehen und unternehmen etwas, was Ihnen Spaß macht. Dann, ab dem 20., wird es ruhiger. Die Sonne ist im Stier und marschiert auf Uranus und Jupiter zu. Da ist auch mit Überraschungen zu rechnen

🏆 ***Erfolg*** Routine ist angesagt, und dass Sie sich nicht aus dem Konzept bringen lassen. Seien Sie sich aber auch bewusst, dass Sie im Moment ein richtiges Paket an Möglichkeiten haben. Wie das im einzelnen aussieht, lässt sich nicht sagen. Aber gehen Sie davon aus, dass etwas in Ihnen verwirklicht werden will.

👍 ***Gut für*** Tolle Erfahrungen im Zwischenmenschlichen

☹ ***Schlecht für*** Sich gehen lassen

✨ ***Die besten Sternepartner*** Steinbock

Vollmond: 23.4.

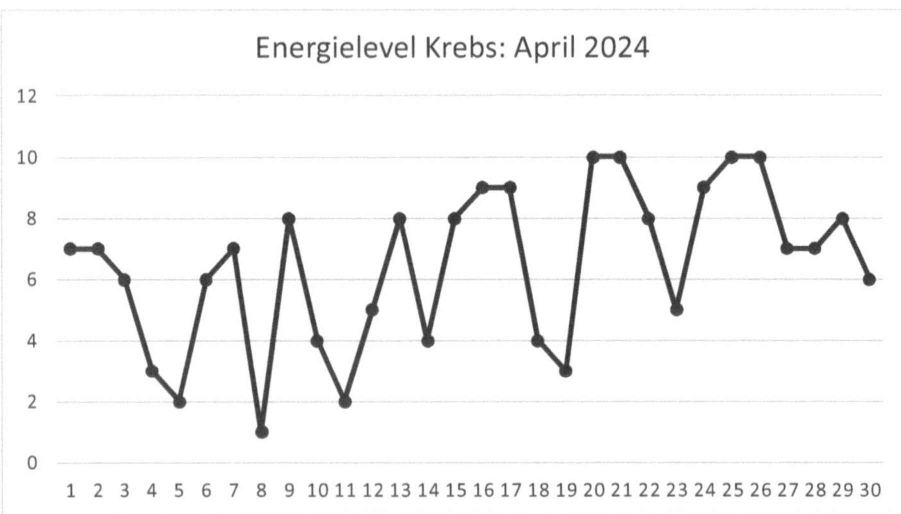

MAI

♥ ***Liebe*** Venus steht Ihnen bis zum 20. zu Diensten, wenn es darum geht einen guten Eindruck zumache. Trotzdem müssen Sie auch mit der einen oder anderen Enttäuschungen fertig werden, denn Mars bezieht eine ungünstige Position. Wenn Sie bis zum 20. des Monats warten, stehen die Chancen für ein tolles Liebesabenteuer besser.

🏆 ***Erfolg*** Vielleicht haben Sie ein bisschen Angst vor Uranus. Er passt so gar nicht in Ihre Welt. Aber wenn der Himmel Ihnen zutraut, dass Sie mit ihm zurecht kommen, dann können Sie auch sicher sein, dass es gut geht. Im Mai bekommt dieser Uranus Unterstützung von Sonne, Jupiter, Venus und Merkur. Das führt ganz bestimmt zu neuen Chancen.

👍 ***Gut für*** Sich etwas einfallen lassen, was andere überrascht

☹ ***Schlecht für*** Sich zurückziehen, wenn etwas nicht gleich klappt

✨ ***Die besten Sternepartner*** Fische, Krebs, Skorpion, Jungfrau

Vollmond: 23.5.

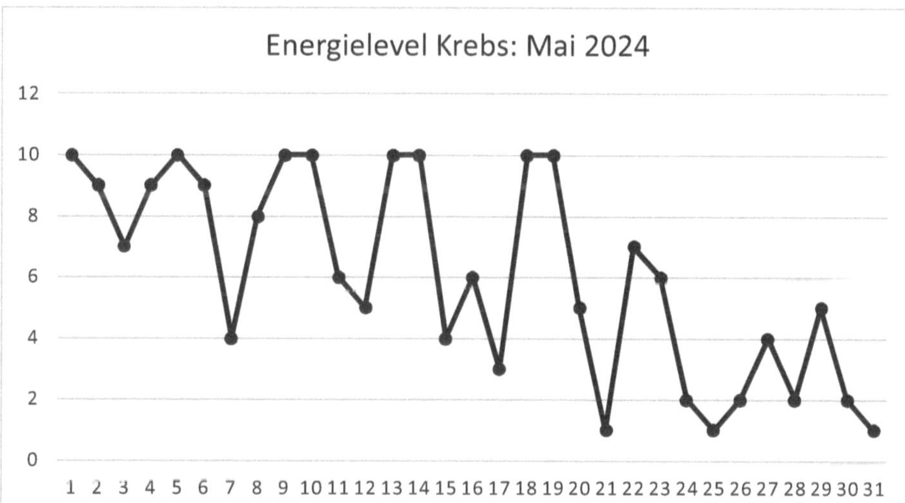

JUNI

♥ ***Liebe*** Bis zum 6. des Monats müssen Sie warten. Dann zieht Mars in eine günstige Position zu Ihrem Sternzeichen. Am 17. dann wird es noch toller, den jetzt macht es sich Venus in Ihrem Sternzeichen Krebs gemütlich. Die Kombination von Mars und Venus verleiht Ihnen alles, was man braucht, um in der Liebe glücklich zu sein.

🏆 ***Erfolg*** Saturn steht das ganze Jahr über im Tierkreiszeichen Fische und damit im freundlichen Trigon zu Ihrem Sternzeichen. Also haben Sie vom Herren des Schicksals nichts Negatives zu erwarten. Besonders toll wird es, wenn Venus, der Liebesplanet, am 18. Juni in Ihr Sternzeichen Krebs einmarschiert.

👍 ***Gut für*** Erfolge

☹ ***Schlecht für*** Sich verstellen, jemand anderes sein wollen

✨ ***Die besten Sternepartner*** Fische, Krebs, Skorpion

Vollmond: 22.6.

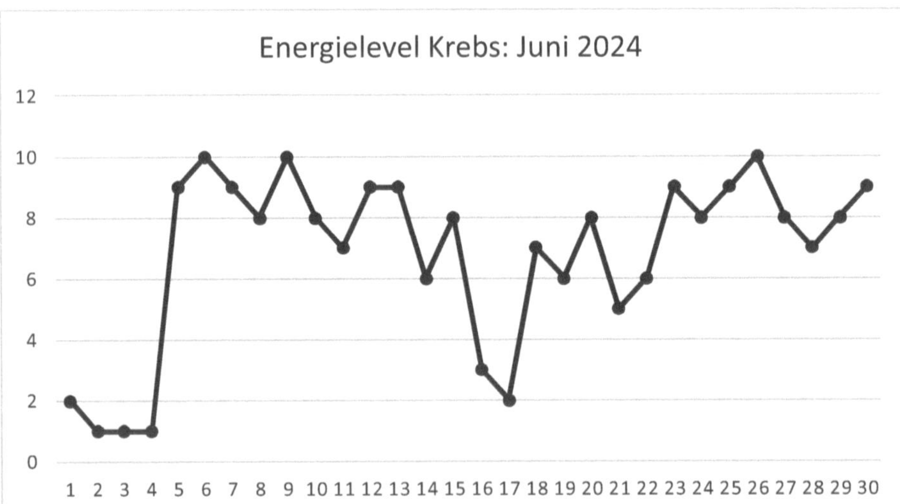

JULI

Liebe Bis zum 12. Juli befinden sich Sonne und Venus in Ihrem Sternzeichen. Diese Sterne machen es möglich, dass Sie nicht „nur" geliebt, sondern auch umsorgt werden. Sie werden sich manchmal wie ein Backfisch vorkommen. In der zweiten Monatshälfte bekommen Sie immer noch genügend Kraft, um gut durch die Runden zu kommen.

Erfolg Die Sonne zieht durch Ihr Sternzeichen: Ihre Träume werden wahr. Denken Sie aber nicht nur an Ihre persönlichen Vorteile. Die Welt braucht Sie als Mensch. Hauptsache Sie leben Ihr Herz. Das gilt besonders für diejenigen unter Ihnen, die allein leben: Jetzt, wo die Sonne in Ihrem Sternzeichen steht, ist es ganz sicher so, dass Sie etwas ausstrahlen, was der Welt gut tut.

Gut für Zögerlich sein, zu lange warten, nicht an sich glauben

Schlecht für Etwas Wichtiges übersehen

Die besten Sternepartner Fische, Stier, Jungfrau

Vollmond: 21.7.

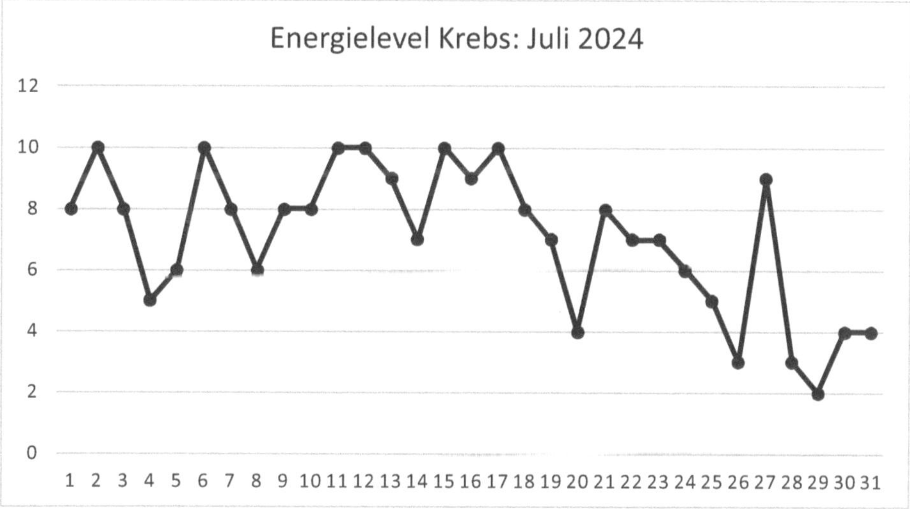

AUGUST

♥ ***Liebe*** Jupiter und Mars wecken Streitlust. Na und? Absurder Weise ist Ihr Partner am Ende froh darüber, weil er spürt, dass Ihr Wohlergehen nicht alleine von seinem Verhalten abhängt. Diese Entspannung auf beiden Seiten bringt Sie dem Liebeshimmel viel näher. Singles sollten im August besonders rund um den Vollmond Ausschau halten. Die Sterne verheißen, dass der, die Richtige in Ihr Leben tritt.

Erfolg Die Sonne regiert das neue Jahr und damit auch den Monat August. Sie schenkt Ihnen ganz neues Vertrauen und große Zuversicht. Jupiter bringt Glück, und Pluto weckt Leidenschaft und Liebe. Am schönsten wäre natürlich eine gemeinsame Reise rund um den Vollmond und in der anschließenden Woche.

Gut für Erfolg, Geld, Liebe

☹ ***Schlecht für*** Am Glück zweifeln, nichts unternehmen

✦ ***Die besten Sternepartner*** Jungfrau, Skorpion, Krebs

Vollmond: 19.8.

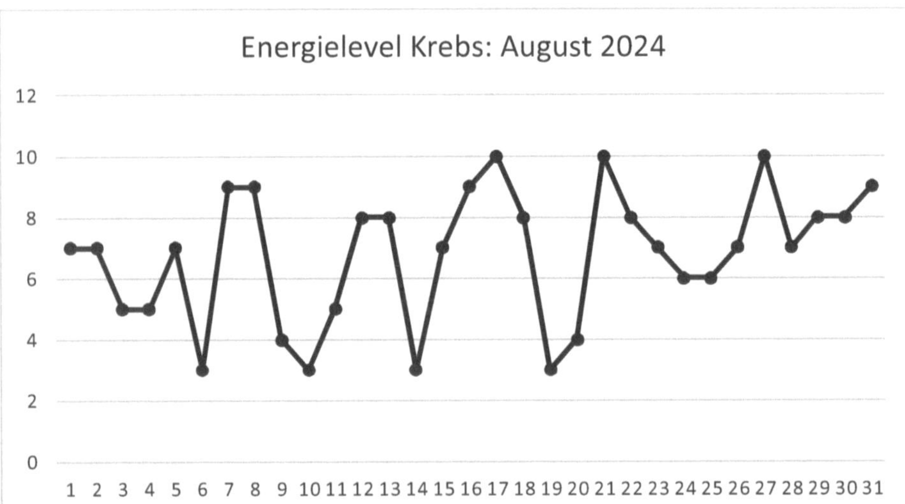

SEPTEMBER

Liebe Mars steht in Ihrem Sternzeichen. Ihm und der Sonne, dem Regenten des Jahres, ist es zu verdanken, dass Sie unbefangen auf das andere Geschlecht zugehen, sich souverän und geistreich auf dem gesellschaftlichen Parkett bewegen und keine Gelegenheit verpassen, sich zu zeigen. Wenn Sie aktiv werden, wimmelte es für die Singles unter Ihnen wimmelt von tollen Chancen.

Erfolg Mars in Ihrem Sternzeichen nimmt Sie an der Hand, verdoppelt Ihre Talente und vergrößern Ihre Fähigkeiten. Lange haben Sie nicht mehr so viel Freude beim Arbeiten und auch im Alltag gehabt wie jetzt. Am günstigsten sind die Tage nach dem Vollmond. Der abnehmenden Mond verleiht Ihnen Schwung.

Gut für Was Ihnen am Herzen liegt, vollenden.

Schlecht für Bequemlichkeit

Die besten Sternepartner Stier, Jungfrau, Steinbock, Skorpion, Krebs.

Vollmond: 18.9.

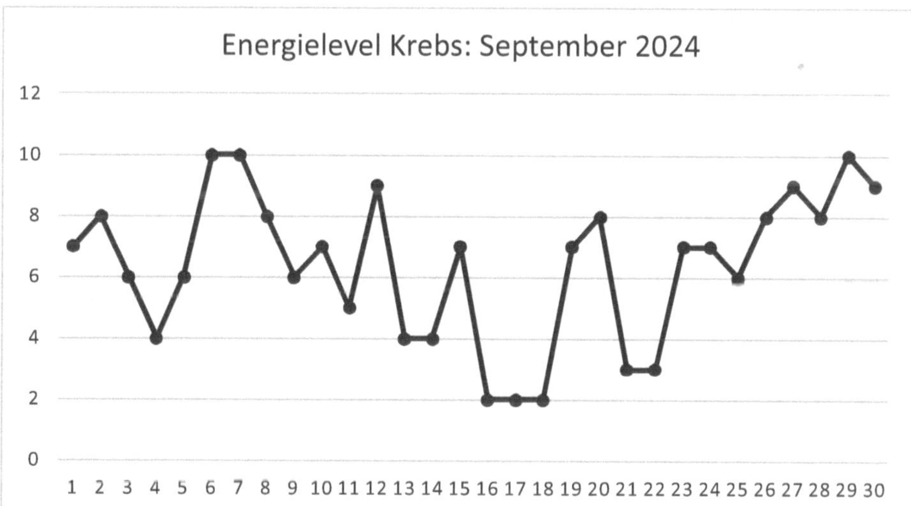

Ihre ganz persönlichen Sterne im

OKTOBER

♥ ***Liebe*** Von wegen herbstliche Nachsaison! Der Oktober bringt erosmäßg mehr als Frühling und Sommer zusammen. Nur die erste Woche ist karg. Ab dem 8. jedoch wecken Mars und Venus, zwei erotische Muntermacher, tiefe, entzückende, kribbelnde Lustgefühle, und Sie geben ihnen ohne jedes Zögern nach. Jetzt ist auch eine wunderbare Zeit für Singles.

Erfolg Im Beruf werden Sie provoziert, behindert, blockiert ...., aber Sie behalten Ihre Nerven! Ungefähr ab dem 20. Oktober steht eine bedeutsame Entscheidung für Ihre Zukunft an. Wichtig ist, dass Sie nichts überstürzen. Nehmen Sie sich Zeit, überwinden Sie Ihre Ungeduld, wägen Sie ausgiebig alle Seiten ab!

Gut für An sich glauben

☹ ***Schlecht für*** Resignieren

Die besten Sternepartner Krebs, Jungfrau, Skorpion

Vollmond 17.10.

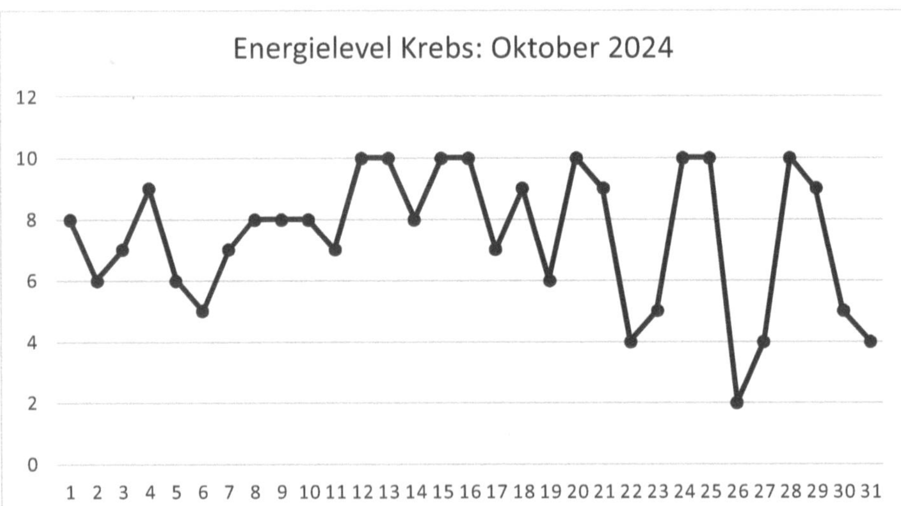

NOVEMBER

Liebe Für die erste Novemberwoche versprechen die Sterne an jedem Tag eine gute Nachricht und ein freundliches Gesicht. Sogar ein irres Lusterlebnis steht in Ihrem Astrokalender, sind Sie solo, mit einem Unbekannten, ansonsten mit Ihrem Partner. Höhepunkt dieser erotischen Superzeit läuft in der Woche vor dem Vollmond am 15. November. Sie sind ein Star.

Erfolg Im November funktioniert wieder Ihre Genie-Küche. Sie werden von Geistesblitzen regelrecht überfallen: Wie Sie reich werden und alles anders machen können. Leider ist auch eine rosarote Brille im Spiel. Besonders vor sogenannten Jahrhundertideen wird gewarnt.

Gut für Erfolg

Schlecht für Undankbar und unzufrieden sein

Die besten Sternepartner Krebs, Jungfrau, Skorpion

Vollmond 15.11.

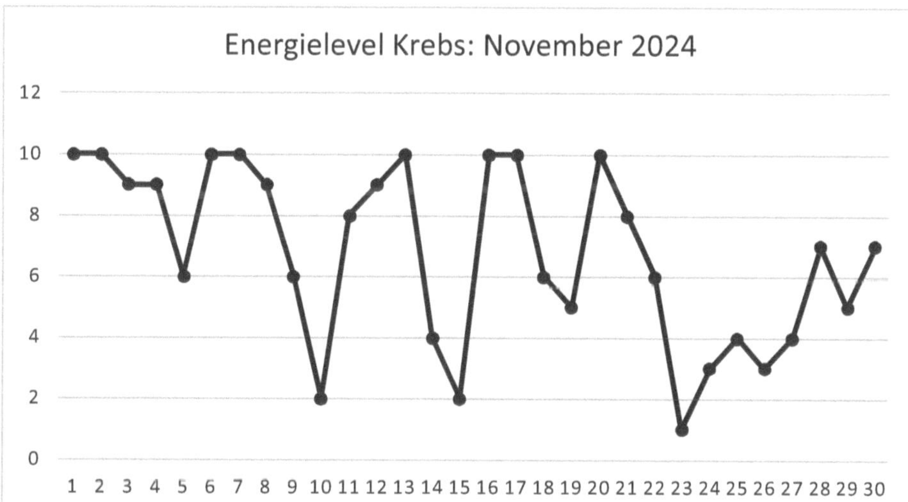

Ihre ganz persönlichen Sterne im

DEZEMBER

♥ ***Liebe*** Mit der Liebe sieht es prima aus. Die Sterne geben Ihnen sogar ein Erfolgsrezept mit auf den Weg: Ihre Gedanken besitzen gerade magische Kraft. Wenn Sie sich auf jemanden konzentrierst, nehmen Sie auf diese Art Kontakt auf, und er fühlt sich zu Ihnen hingezogen.

🏆 ***Erfolg*** In der Woche vor Weinachten besteht ein Hang zu Leichtfertigkeit. Seien Sie ruhig etwas pingelig! In der letzten Woche können Sie entspannen. Jetzt läuft auch die beste Zeit, um sich auf das neue Jahr vorzubereiten: Was haben Sie vor? Vielleicht planen Sie auch, etwas Neues. Jetzt haben Sie die besten Ideen.

👍 ***Gut für*** Sich auf einen spirituellen Weg begeben

☹ ***Schlecht für*** Ungesund leben

✨ ***Die besten Sternepartner*** Fische, Steinbock, Krebs

Vollmond 15.12.

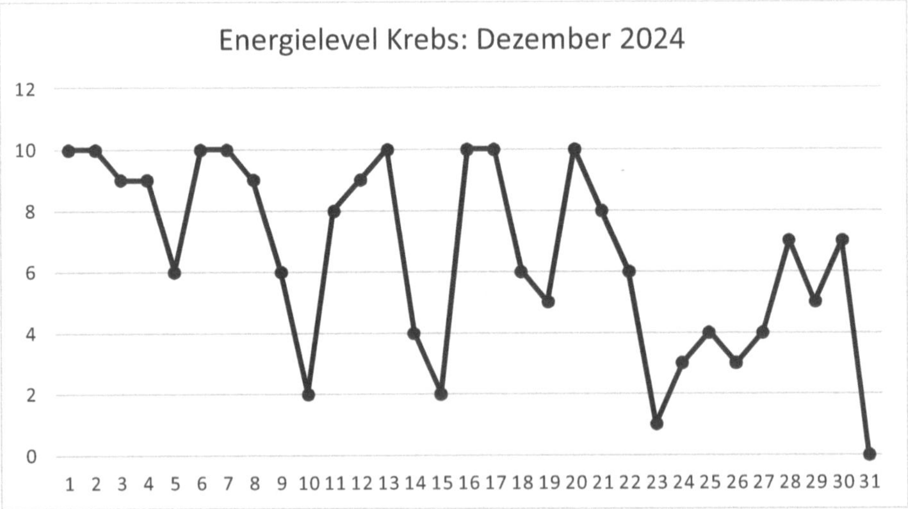

LÖWE

(23. Juli bis 23. August)

2024 hat die Sonne das Sagen. Sie ist Ihr persönlicher Herrscher und ist Ihnen daher besonders zugetan. Ein bisschen ist das so, als würden Sie das ganze Jahr über Urlaub machen. Sie haben mehr Spaß und mehr Zeit. Sorgen und Probleme hingegen treten in den Hintergrund. Natürlich müssen Sie 2024 auch Ihren verschiedenen Arbeiten nachgehen. Aber selbst dabei ist es bei weitem nicht so stressig wie sonst.

Außer dem Gewinn durch die Sonne als Jahresregent profitieren Sie noch von Pluto. Dieser Planet hat Sie die letzten 15 Jahre eher behindert. Wahrscheinlich haben Sie es gar nicht mehr gemerkt. Höchstens, dass Sie grundsätzlich nicht so glücklich und zufrieden waren, wie in den letzten Jahren. Außerdem kam von diesem Pluto auch eine Anfälligkeit für gesundheitliche Probleme. Das alles ist jetzt vorbei. Dieser Pluto befindet sich jetzt Ihrem Sternzeichen genau gegenüber. Das weckt wieder Ihre Stärke. Sie werden risikobereiter, lassen sich auch mal auf eine Geschichte ein, deren Ausgang nicht 100-prozentig klar ist. Sicher wird jetzt auch nicht immer ein positiver Ausgang vorhergesagt, aber grundsätzlich fahren Sie mit diesem Pluto gut.

Großartige Unterstützung bekommen Sie auch von Jupiter, dem Glücksplaneten. Er bezieht am 25. Mai bis zum Jahresende eine günstige Position Ihrem Sternzeichen genau gegenüber. Wie sein Beiname schon verrät, verspricht dieser Planet gute Chancen. Sie können sich 2024 endlich öfters mal wieder freuen. Vor allem beruflich fahren Sie gut mit diesem Jupiter. Aber auch, was Ihre gesamte Lebenssituation angeht, können Sie mit seinem Wohlwollen rechnen. Besonders großzügig ist dieser Stern, wenn es um die Liebe geht. Dazu mehr im nächsten Abschnitt.

Saturn lässt Sie 2024 in Ruhe. Das ist angenehm: keine Nachteile, weil Sie irgendwo irgendetwas übersehen haben. Aber das bedeutet auch, dass Sie sie besser aufpassen müssen. Schreiben Sie sich das in Ihren Tagesplaner!

LIEBE

Mit der Sonne kommt das Feuer. In Ihren Beziehungen entsteht mehr Hitze. Sie haben mehr und öfters Lust aufeinander. Aber die Wirkung der Sonne bleibt ganz sicher nicht aufs Schlafzimmer beschränkt. Sie werden auch unternehmungslustiger, fantasievoller und, das besonders, Sie sind daran interessiert, mehr gemeinsam zu unternehmen. Dazu gehört auch, miteinander zu reden, sich auszutauschen und dabei auch die versteckten Seiten kennen zu lernen. Woran das liegt? An Pluto. Er befindet sich jetzt, wie schon gesagt, Ihrem Sternzeichen Löwe gegenüber im Wassermann. Im Jahr der Sonne, kann er Räume erschließen, die in der Vergangenheit regelrecht zugemauert waren: Ihre Sehnsucht nach inniger Zweisamkeit, die Freude, körperliche Gefühle auszutauschen, Lust und Sinnlichkeit. Wie ist es, wenn Sie gerade ohne Partner sind? Für den Sommer steht eine Überraschung in Ihrem Astrokalender. Sie verlieben sich in jemanden, der ganz anders ist als Sie.

Was Sie sie auch wissen sollten, ist folgendes: Dieser Pluto duldet keine bequemen Kompromisse. Er will das ganze Leben mit all seinen Seiten. Wenn Sie sich also in den letzten Jahren an eine Art Durchschnitts- Beziehung gewöhnt haben, kann es sein, dass dieser Pluto bei Ihnen anklopft und fragt, ob es so weitergehen soll. Im Einzelfall kommt es mit diesem Pluto auch zu Auseinandersetzungen und im Extremfall zu einer Trennung.

Sonne, Pluto, Jupiter - 2024:
Erfolg, Glück, Liebe!

KARRIERE

Auch in punkto Jobs und Karriere sieht es gut aus. Pluto lässt Sie weiter blicken als bisher. Dazu gehört auch, dass Sie Interesse Lust an einer Weiterbildung bekommen. Uranus wiederum sorgt dafür, dass alles, was Sie bereits kennen, ein bisschen das Gefühl von Langeweile weckt.2024 gibt es plötzlich etwas in Ihrem Leben, was Ihr Interesse weckt, Sie regelrecht elektrisiert. Dies kann eine Idee sein, ein Angebot, eine Vision, eine Aussicht auf eine neue Stelle. Ihr Interesse wird immer stärker, und im Einzelfall kommt es zu einer Punktlandung. D.h., Sie starten ein neues berufliches Leben. Wenn dann Jupiter ab Juni Glück günstig steht, sind 90 von 100 Löwegeborene in besseren Positionen. Auch jene, die schon ewig lange nach einer Stelle suchen, werden fündig.

CHARAKTER	Großzügig, anspruchsvoll
PERSÖNLICHES AUFTRETEN	Selbstbewusst, strahlend
FÜHLEN	Herzlich, offen
STEIN	Heliotrop
TIER	Pfau
PFLANZE	Rose
BESTER TAG	Sonntag

JANUAR

Liebe Mars steht im Tierkreiszeichen Steinbock, Venus im Schützen und Jupiter im Stier. Konkret heißt das: Sie haben Lust auf Zweisamkeit und nehmen sich viel mehr Zeit füreinander, ganz besonders, wenn Ihre Liebe bereits in die Jahre gekommen ist. Auch die Singles wollen es kuschelig, stimmig und vor allen Dingen verlässlich.

Erfolg Saturn manifestiert sich in Ihren Kollegen und verbündet sich vor allem mit Ihren Chefs: Sie müssen also mit Forderungen, Kritik und Abmahnungen rechnen. Das Gute: Wenn Sie nicht ausflippen, protestieren oder dicht machen, sondern tun, was man verlangt, passiert plötzlich das Gegenteil: Sie werden hofiert, befördert und bekommen mehr Geld.

Gut für Neue Ideen und vielleicht sogar Schritte für Ihre Karriere.

Schlecht für Zu viel allein machen. Teamarbeit ist angesagt

Die besten Sternepartner Wassermann

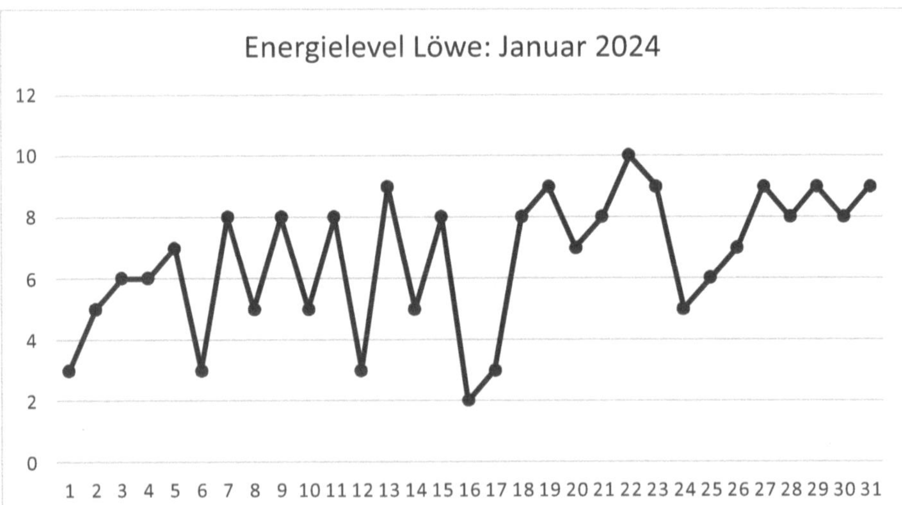

FEBRUAR

Liebe Bestimmt erleben Sie einen amüsanten Februar. Aber große Liebeswunder sind eher selten. Auch der Karneval hat Ihnen nicht viel zu bieten. Mars und Venus, dass Liebesduo, stehen ungünstig. Erst in der zweiten Hälfte des Monats, beziehen sie eine bessere Position. Vielleicht holen Sie jetzt den Karneval auf ganz persönliche Art und Weise nach.

Erfolg Die Sonne und Merkur beziehen Ihrem Sternzeichen gegenüber Position. Da können Sie schon von einem freundlichen Tagesgeschehen ausgehen. Größere Geschenke sind allerdings selten.

Gut für Sie können jetzt etwas schaffen, was Sie stolz macht.

Schlecht für Ego-Allüren haben grundsätzlich keinen Platz, und jetzt schon gleich gar nicht.

Die besten Sternepartner Löwe

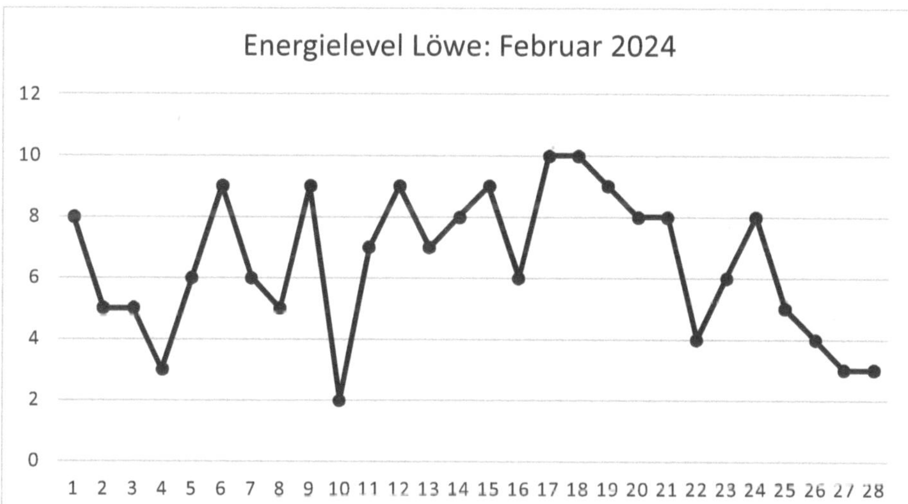

MÄRZ

Liebe Die Sterne beweisen schlechtes Timing: Bis zum Frühlingsanfang am 20. fehlt Ihnen die rechte Lust, sich der Liebe hinzugeben. Danach hätten Sie zwar den richtigen Schwung für ein Abenteuer, aber jetzt fehlt es am Beistand von Mars und Venus.

Erfolg Einerseits haben Sie tolle Sterne für einen Vorstoß im fehlt auch immer etwas, so dass letztendlich doch alles beim Alten bleibt. Wozu Sie Sich nicht hinreißen lassen dürfen, ist, das Glück zu erzwingen. Das gibt einen Reinfall. Viel besser ist, sich Zeit zu lassen und in sich hineinzuspüren. Dann bekommen Sie nämlich Hinweise von den Sternen. Vor allem schenken Sie so Ihrer Seele Kraft. Das ist deswegen wichtig, weil Sie im anstehenden Jahr viel vorhaben und Kraft benötigen.

Gut für Sich ein Vergnügen genehmigen

Schlecht für Größere Anschaffungen machen.

Die besten Sternepartner Löwe, Zwillinge, Wassermann

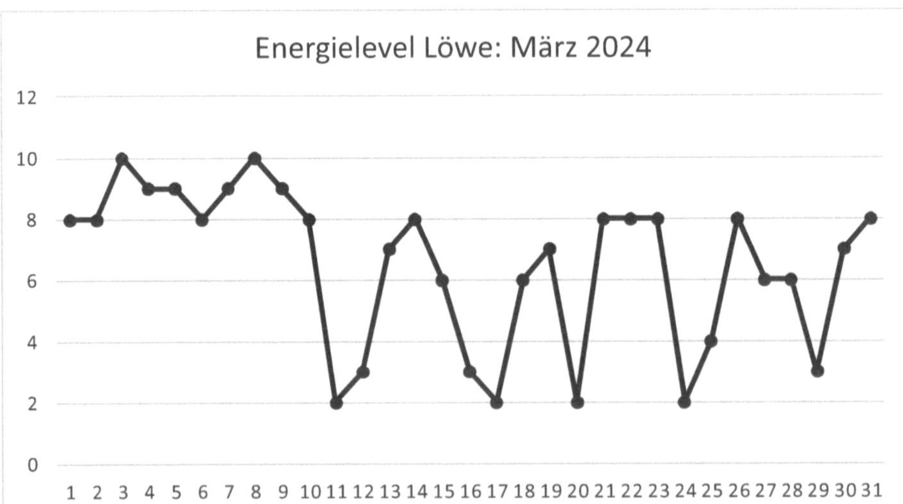

APRIL

Liebe Mit Sonne und Venus im Tierkreiszeichen Widder wird die erste Hälfte des Monats bestimmt nicht langweilig. Manche unter Ihnen erleben sogar eine tolle Liebesgeschichte. Leidenschaft wird bestimmt auch Ihr Partnerleben bereichern. Was Sie berücksichtigen müssen, ist, dass Mars und Venus, dass Liebesduo, nicht synchron schwingen. Das bedeutet, dass Sie rücksichtsvoll miteinander umgehen müssen.

Erfolg Alles, was mit Arbeit verbunden ist, wird bedrückend erlebt, kostet Kraft und Zeit. Lassen Sie sich nicht zu sehr belasten. Das wäre schade, denn die Sonne im Widder schenkt Ihnen auch viele Möglichkeiten. Was wichtig ist, sollten Sie vor dem 20. erledigen. Danach wird es schwieriger, kostet mehr Zeit und mehr Kraft.

Gut für Etwas für Ihre Gesundheit tun

Schlecht für Schlamperei, auch, was Ihren Körper angeht, sind schädlich.

Die besten Sternepartner Löwe, Waage, Widder

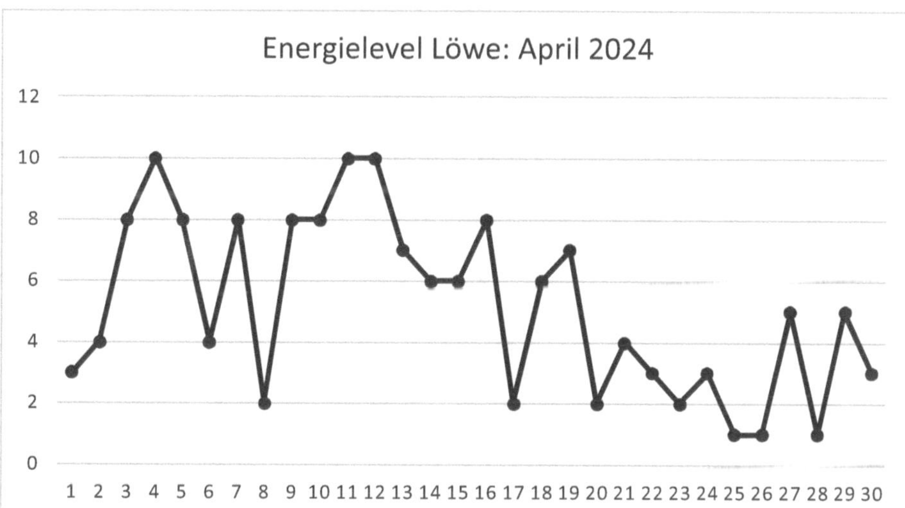

MAI

Liebe Ihr Liebesleben wird im Mai sehr abwechslungsreich. Stürmische Zeiten gehören genauso dazu wie Langeweile. Gut ist, dass Sie auch ohne tollen Sterne-Einfluss glücklich und zufrieden sein können Am 21. Mai bezieht die Sonne eine günstige Position. Dann, am 25., rückt der Glücksplanet Jupiter in eine Position, die in erster Linie Ihnen zu Gute kommt: ab sofort geht es aufwärts.

Erfolg Die Sterne setzen Sie unter Druck und wollen, dass Sie mehr aus Ihrem Leben machen. Ignorieren können Sie das nicht. Das vergrößert nur den Druck. Sie müssen sich überwinden und aktiv werden. Von der Weiterbildung bis zur Umschulung geben die Sterne grünes Licht. In der letzten Woche des Monats wird es leichter und Sie bekommen die Belohnung für Ihre Anstrengungen.

Gut für Alles läuft besser und reibungsloser.

Schlecht für Leichtsinn

Die besten Sternepartner Wassermann, Löwe, Waage

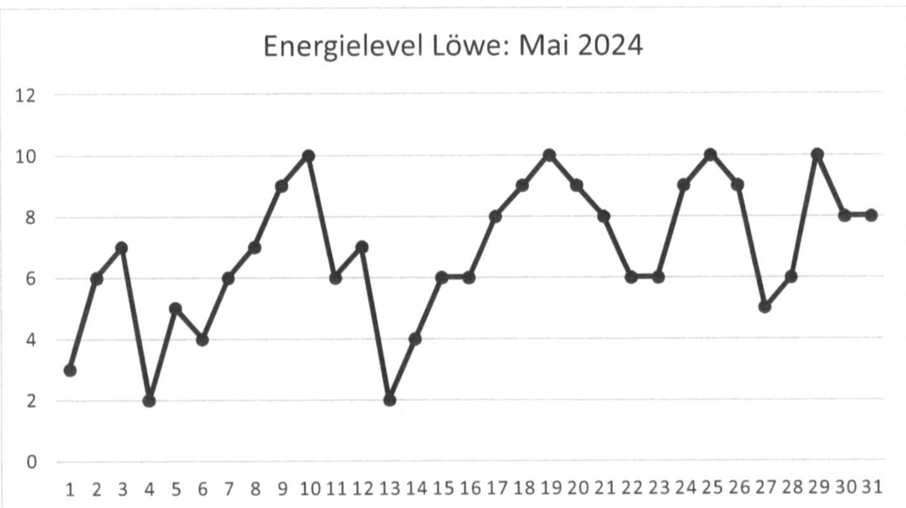

JUNI

Liebe Für Ihr Liebesleben gilt etwas Wunderschönes: Sie werden einem Menschen begegnen, der es wert ist, dass Sie sich total auf ihn einlassen. Dabei überkommt Sie das herrliche Gefühl, angekommen und nicht mehr allein zu sein. In Partnerschaften kommt es darauf an, in welchem Stadium Sie sind. Am schönsten ist, wenn Sie sich als Teil von etwas Größerem – einer Familie, einer Seelengemeinschaft – erleben.

Erfolg Jupiter bringt Ihnen Glück. Aber, das wissen Sie als Löwe auch, das funktioniert nur, wenn Sie nicht mit dem Hintergedanken zur Arbeit gehen, dass sich größerer Einsatz nicht lohnt. Je totaler Sie sich einlassen, umso mehr wollen Sie zurück.

Gut für Beruflich vorwärtskommen

Schlecht für Unzufrieden sein

Die besten Sternepartner Löwe, Schütze, Waage

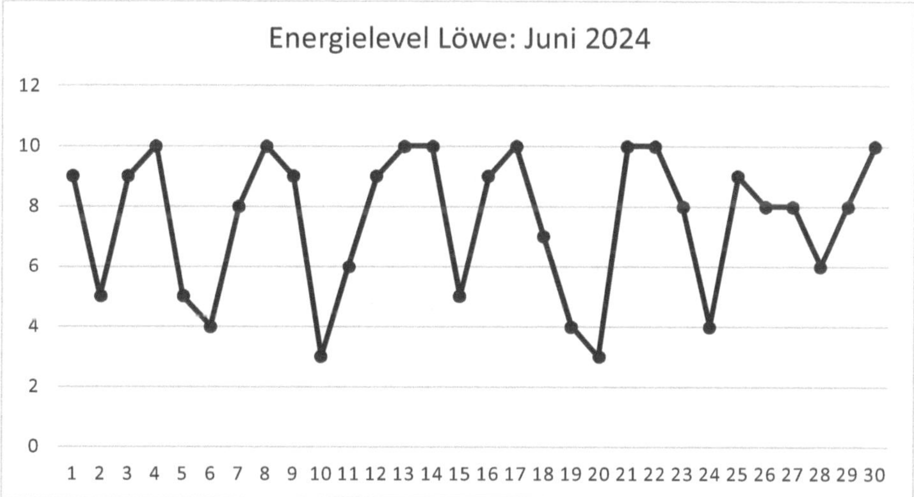

JULI

Liebe Am 12. des Monats betritt Venus Ihr Sternzeichen. Da erwachen in Ihnen Wünsche wie bei einem jungen Mädchen, bzw. jungen Mann. Sie wollen Liebe kosten - heiß, frech, frei und ohne Limits. Sie werden nicht genug bekommen, weder beim Flirten noch mit Sex. Der Slogan von Venus ist so einfach wie umwerfend: Genuss im Überfluss! Also zögern Sie nicht, immer da präsent zu sein, wo die nettesten Menschen sind.

Erfolg Mit Venus in Ihrem Sternzeichen Löwe beginnt Ihre Zeit. Endlich kommen Sie mit Ihren Ideen zum Zuge. Die Welt ist offen für Sie. Denken Sie auch daran, dass Pluto Ihrem Sternzeichen gegenüber im Wassermann steht. Er verkörpert das Erbe Ihrer Ahnen. Alles, was früher erworben wurde, kann jetzt wie ein Same ihnen aufgehen.

Gut für Glück und Zufriedenheit

Schlecht für Nicht zufrieden sein mit dem, was man hat

Die besten Sternepartner Waage, Löwe, Schütze

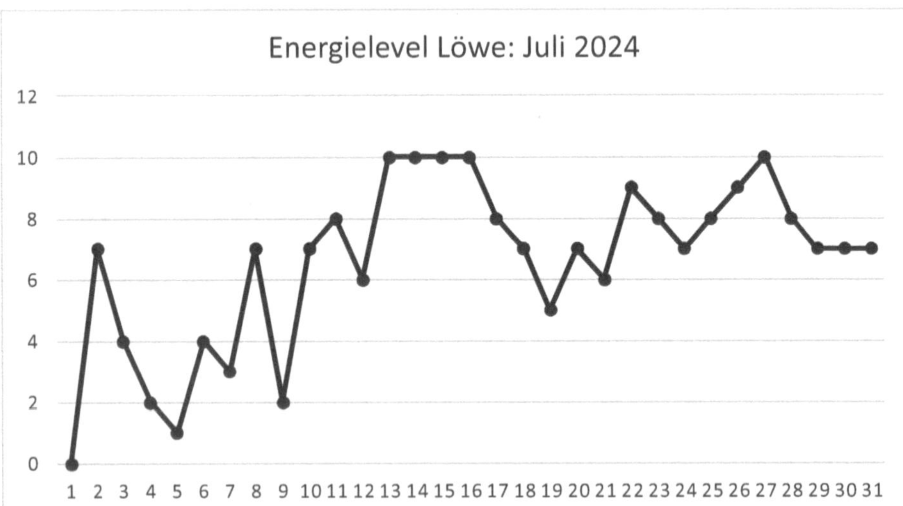

Ihre ganz persönlichen Sterne im

AUGUST

♥ ***Liebe*** Genug geredet, jetzt wird gereist! In einem Urlaub überrascht man sich gegenseitig. Auch zu Hause kann man über gemeinsame Aktivitäten den Partner neu erleben. Nehmen Sie sich mehr Zeit für die Liebe und somit Ihren Schatz! Gemeinsame Erlebnisse verbinden nachhaltig.

🏆 ***Erfolg*** 2024 wird von der Sonne regiert. Sie ist zugleich Ihr persönlicher Herrscherplanet. Das steigert nicht nur Vitalität und Lebenslust, das bringt auch eine neue Leichtigkeit in Ihr Leben. Pech? Krisen? Behinderungen? All das war gestern. Jetzt und heute kommt das Glück. Im August zieht die Sonne durch Ihr Sternzeichen Löwe. Das wird großartig.

👍 ***Gut für*** Glück, Gewinn, Vorteil

☹ ***Schlecht für*** Unzufrieden sein

✨ ***Die besten Sternepartner*** Löwe, Waage, Widder, Wassermann

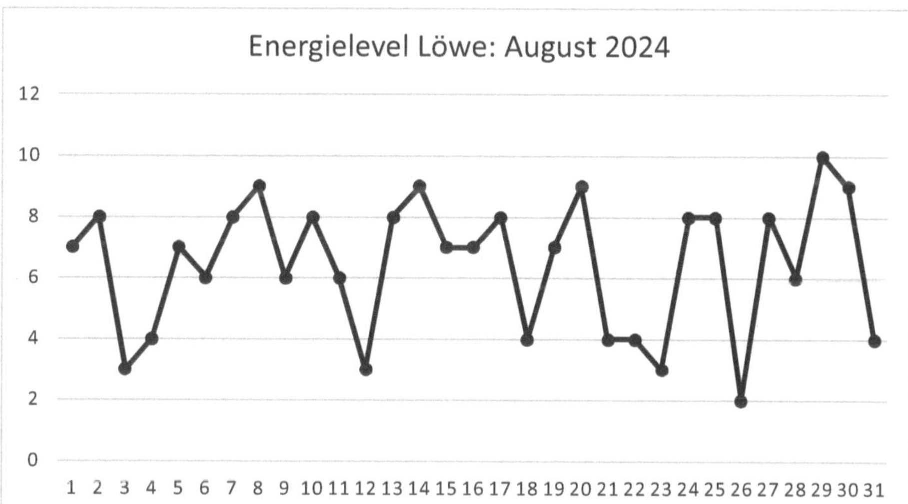

SEPTEMBER

Liebe Im September wird Ihre Liebe zärtlich, romantisch und verspielt. Wenn Sie sich mehr Zeit für Ihren Schatz nehmen, entdecken Sie wieder Spaß an der Zweisamkeit. Dass Sie auch deutlich häufiger Sex haben, ist eine weitere Folge der tollen Sterne. Auch die Singles erleben ein echtes Liebeshoch, wenn Sie unvoreingenommen auf potenzielle Kandidaten zugehen und sich überraschen lassen.

Erfolg Der Sonne haben Sie im September einen lässigen Gleichmut zu verdanken. Klappt etwas nicht auf Anhieb, versuchen Sie es wieder oder ändern im zweiten Schritt die Richtung. Sie sind obendrein geduldiger, mit Kollegen nachsichtiger und bringen viel Witz mit an den Arbeitsplatz. Woher das alles kommt? Pluto in Ihre Gegenzeichen Wassermann hat auch hier seine Hände im Spiel. Er schüttelt Sie quasi einmal durch und bringt das zum Vorschein, was verborgen und bisher von Ihnen nicht beachtet wurde.

Gut für Ein angenehmer Monat, vielleicht bringt er sogar mehr Geld

Schlecht für Zu viel verlangen und zu viel Geld ausgeben

Die besten Sternepartner Waage, Wassermann, Widder

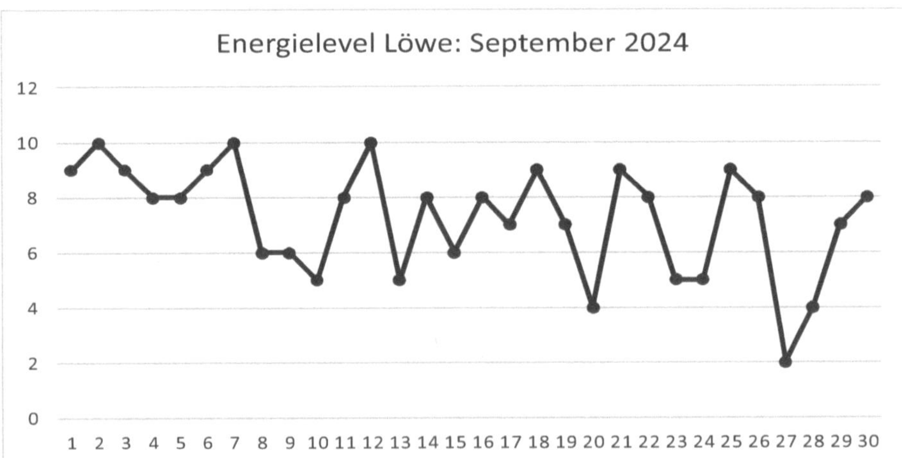

Ihre ganz persönlichen Sterne im

OKTOBER

Liebe Einen "High-fidelity"-Monat dürfen Sie nicht erwarten. Besonders während der ersten drei Oktoberwochen bekommen Sie kaum kosmischen Beistand. Obendrein hat Ihr Hang zum Drama Auftritt: Sonst machen Sie die schönen Dinge noch grandioser, jetzt bauen Sie aus jeder Mücke eine schreckliche Bestie. Am 19. Oktober bezieht der Liebesplanet Venus eine günstige Position. Damit sind Sie wieder Königin beziehungsweise König

Erfolg Beruflich geht es um Ihre Zukunft. Sie sollten sich daher bei Ihren Entscheidungen nicht vom Heute, sondern vom Morgen leiten lassen. Um eine gehörige Portion Arbeit kommen Sie nicht herum. Aber Ihr Job macht Spaß, Sie verdienen gerne Geld, denn Sie geben es noch lieber aus.

Gut für Gelassenheit

Schlecht für Pessimismus

Die besten Sternepartner Waage, Schütze

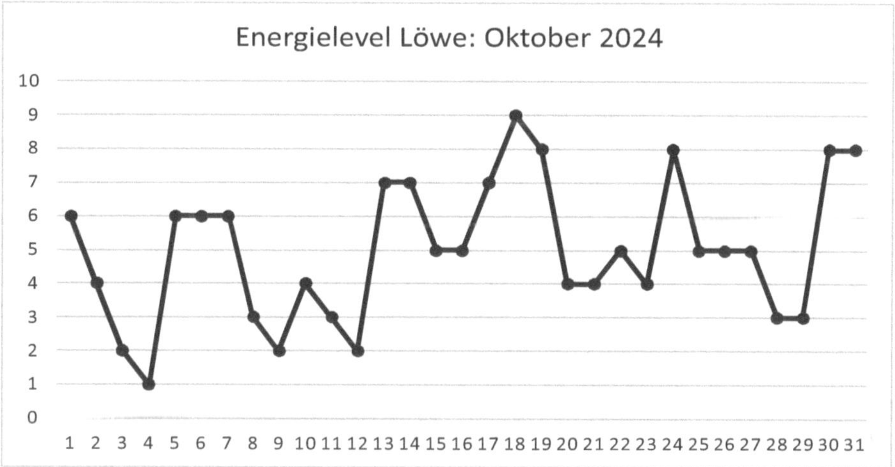

NOVEMBER

Liebe In der ersten Novemberwoche ist die Liebe großartig. Es ist sogar möglich, dass Sie sich, ohne nach rechts oder links zu schauen, in ein Abenteuer stürzen. Richtig so! Sie werden schon wissen, wann Sie die Bremse ziehen müssen, und ab dem 10. wird es ohnehin ruhiger.

Erfolg Zum Monatsanfang verlangen Sie von Ihrem Körper mehr, als er verkraftet. Die Folge: Sie sind müde und bewältigen nur unter Stöhnen Ihr Pensum. Glücklich und unbeschwert sind Sie nur, wenn Sie sich immer wieder Entspannungsphasen gönnen. Womit Sie auch rechnen müssen, sind Probleme, die schwierig zu bewältigen sind. Sie brauchen Zeit und Geduld. Wichtig ist auch, optimistisch zu bleiben. Dann, ab der zweiten Novemberwoche, wird es immer besser. Jetzt können Sie Ihrem Leben sogar Glanzlichter aufsetzen.

Gut für Freundschaften die etwas wert sind

Schlecht für Sich und anderen etwas vormachen

Die besten Sternepartner Löwe, Schütze, Jungfrau

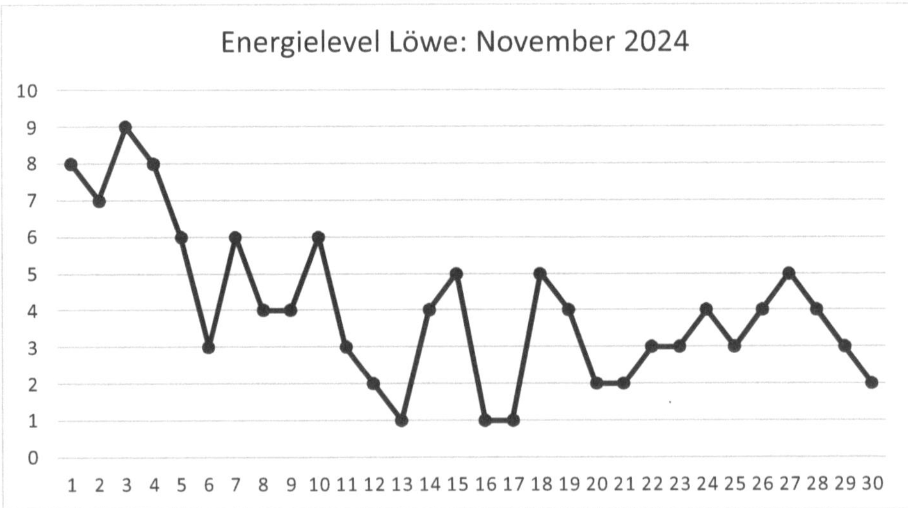

Ihre ganz persönlichen Sterne im

DEZEMBER

Liebe Planet Mars zieht den ganzen Monat über durch Ihr Sternzeichen, und Venus strahlt ihn aus dem Gegenzeichen an. Das verleiht Ihnen eine irre Sinnlichkeit. Hoffentlich schießen Sie mit Ihrer tollen Kraft nicht gleich übers Ziel hinaus, vor allem überfordern Ihren Partner nicht. Das wäre schade und brächte Sie um eine Weihnachtszeit, von der Sie schon immer träumen. Die Sterne signalisieren eine intensive, leidenschaftliche Zeit.

Erfolg Wenn Sie weiterkommen möchten, müssen Sie jetzt zeigen, dass Sie es draufhaben. Die Sonne steht stark und Mars hat sich gleich in ihrem Sternzeichen niedergelassen. Keiner sonst hat so tolle Sterne. Rechtzeitig zwei Tage vor Weihnachten zielen Ihre Power-Sterne weiter und Sie können sich voll und ganz der Liebe widmen

Gut für Sich mit spirituellen Dingen beschäftigen

☹ **_Schlecht für_** Die Seele vergessen

Die besten Sternepartner Schütze, Löwe, Waage

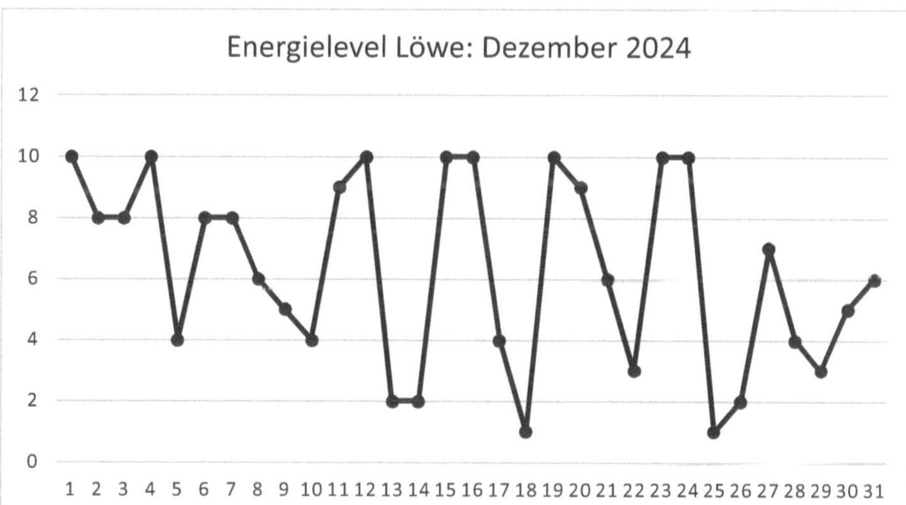

JUNGFRAU

(24. August bis 23. September)

Das kommende Jahr wird von der Sonne regiert. Daher können Sie dem Leben vertrauen. Ihr Lebensschiff gleitet dahin. Von Stürmen und anderen Bedrohungen ist nichts bekannt.

Saturn steht Ihrem Sternzeichen gegenüber. Grundsätzlich haben Sie ein gutes Verhältnis zu diesem Planeten. Wenn er jetzt Ihrem Sternzeichen gegenübersteht, können Sie noch sicherer sein. Er passt auf, dass Sie keine Fehler machen. Aber im Unterschied zu sonst, ist er 2024 regelrecht fürsorglich, beinahe, als wären Sie ein Kind, das jemand an seiner Seite braucht. Immer dann, wenn Ihnen Vertrauen fehlt, wenn Sie nicht sicher sind, macht er Ihnen Mut. Das beinhaltet eine große Chance, mehr aus Ihrem Leben zu machen.

Jupiter und Uranus stehen bis Ende Mai in Ihrem Sternzeichen. Das bedeute, dass Ihnen das Schicksal neue Gelegenheiten offeriert. Um noch einmal auf das Bild des Schiffes zu greifen, bringen Sie Uranus und Jupiter in den ersten fünf Monaten auf Ihrer Reise in ganz neue Länder. Mit anderen Worten, Ihr Leben wird auch aufregend und spannend. Ab Juni dann steht Jupiter im Tierkreiszeichen Zwillinge. Das ist gleichbedeutend mit einer Einladung. Sie werde jetzt nicht nur all den Menschen, die Sie kennen, näherkommen, sondern auch viele neue Freundschaften schließen. Sie bekommen auch neue Berufsfelder, in denen Sie sich bewähren.

Neptun spielt ebenfalls eine wichtige Rolle. Er kümmert sich um eine Seite, die Sie schon kennen. Es sind Ahnungen, manchmal auch ein ganz genaues Wissen, dass die Welt nicht nur darin besteht, was man hört und sieht, sondern, dass dahinter noch eine mediale, mystische Welt existiert. Sie werden sie besser kennen lernen und sie wird Ihnen ganz neue Möglichkeiten eröffnen.

LIEBE

Sie sind ein bodenständiger und realistischer Mensch –aber nicht in der Liebe. Da werden Sie zum Träumer und Illusionisten. 2024 stehen Neptun und Saturn in Ihrem Partnerhaus. Das weckt Ihre Wünsche nach einer Liebe, die den Himmel berührt. Im ungünstigen Fall erleben Sie Ihre momentane Liebe so wenig erfüllend, dass Sie sich trennen. Im günstigen Fallbegegnen Sie dem Menschen, der Sie glücklich macht. Auch die Möglichkeit existiert natürlich, dass Ihre jetzige Partnerschaft wächst, größer wird, enge Grenzen sprengt und Se immer wieder das Paradies kosten. Sie, eine Jungfrau, haben die seltene Chance, 2024 ein wirklich erfülltes Liebesleben zu führen. Wie ist es, wenn Sie sich entschieden haben, allein zu bleiben? Wunderbar! Sie werden in Ihrer Fantasie und in Ihren Träumen alles erleben, was Sie glücklich macht. Nichts wird Ihnen fehlen. Und wie sieht es aus, wenn Sie zu den Jungfrauen gehören, die daran denken eine Familie zu gründen? Fantastisch! In der ersten Hälfte des Jahres helfen Ihnen die Sterne. Wenn Sie den entscheidenden Akt gleich im Januar vollziehen, bekommen Sie im September Gesellschaft in Form einer weiteren Jungfrau.

Jungfrau 2024:
Vertrauen, Erfolg, erfülltes Liebesleben

KARRIERE

Jupiter, der Glücksplanet, steht auf Ihrer Seite. Er hält sich bis zum 25. Mai im Tierkreiszeichen Stier auf und wird Ihr Leben bereichern. Das sieht ganz nach einem finanziellen Plus aus. Aber da ist auch Uranus, der sich bei Jupiter einhakt. Da müssen Sie sich etwas Besonderes einfallen lassen. Wenn Sie es zu etwas bringen wollen, müssen etwas Neues hervorbringen. Das kann z.B. etwas Praktisches sein, wie ein Computer- oder Fremdsprachenkurs. Aber unter Umständen finden Sie auch, dass etwas ganze Anderes ansteht, und Sie melden sich zur Heilpraktiker-Prüfung oder beginnen eine Ausbildung in Astrologie oder Körpertherapie. Was immer Sie machen, 2024 haben Sie ausgesprochen positive Sterne für Erfolg und mehr Geld. Ein Aber gibt es auch. Neptun der wie gesagt, Ihrem Sternzeichen genau gegenübersteht, macht nicht nur hellsichtig, sondern auch leichtgläubig Es ist daher wichtig, dass Sie auch immer wieder Ihre kritische Seit herausholen. Lassen Sie sich nicht blenden! Planen Sie für das kommende Jahr bitte etwas Neues, einen Berufswechsel, einen neuen Wohnort oder etwas Entsprechendes.

CHARAKTER	Aufmerksam, gewissenhaft
PERSÖNLICHES AUFTRETEN	Bescheiden, besonnen, reserviert
FÜHLEN	Fürsorglich, leicht
STEIN	Achat
TIER	Perserkatze
PFLANZE	Apfelbaum
BESTER TAG	Mittwoch

JANUAR

Liebe Durch Mars im Steinbock werden Sie tiefes Glück empfinden, wenn Sie gemeinsam mit Ihrem Partner eine Situation gemeistert haben. Sogar die Singles suchen sich jetzt instinktiv jene Menschen aus, die nicht so leicht zu knacken und zu handeln sind. Warum? Weil es spannend ist, diesen Menschen zu erobern

Erfolg Mars im Steinbock weckt Sehnsucht nach Wertschätzung. Kriegen Sie davon viel, wird Geld zur Nebensache. Unzufriedene Jungfrauen sollten nach Aufgaben suchen, die nachhaltig sind, die in einem Ergebnis enden. Das brauchen Sie, um sich selbst zu messen. Erst wenn Sie sehen können, was Sie geleistet haben, sind Sie zufrieden.

Gut für Etwas leisten

Schlecht für Keine größeren Unternehmungen in der ersten Hälfte des Monats.

Die besten Sternepartner Krebs, Skorpion, Steinbock, Fische

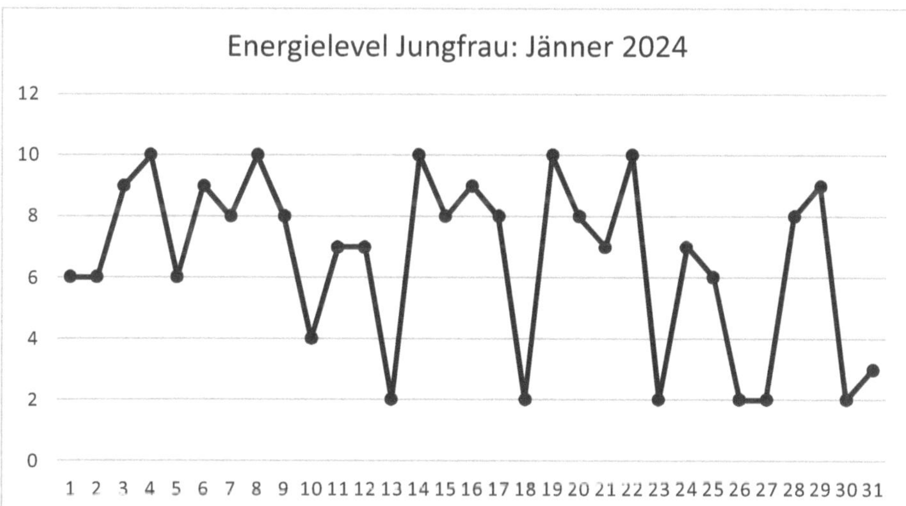

FEBRUAR

Jetzt befindet sich Pluto im Sternzeichen Wassermann, wo er 15 Jahre bleibt. Da ist es bestimmt nicht falsch, sich jetzt schon darauf einzustellen: Pluto verlangt Veränderung. Es heißt, Gewohnheiten loszulassen, um dadurch Neuem, Besserem Platz zu machen.

Liebe Mars und Venus versprechen Amüsement. Das muss nicht gleich eine leidenschaftliche Liebesgeschichte sein, aber seien Sie offen für Fröhlichkeit und Liebe. In der zweiten Hälfte des Monats wird es ruhiger. Jetzt steht ohnehin die Arbeit an erster Stelle

Erfolg Saturn und Neptun stehen Ihrem Sternzeichen gegenüber. Zunächst einmal wird da Routine verlangt. Das bedeutet auch, dass Sie sich auf nichts einlassen sollen, was nicht hieb- und nagelfest ist. Auf der anderen Seite könnten die Sterne aber auch mit einer Überraschung aufwarten.

Gut für Liebe

Schlecht für Sich gegen Veränderungen wehren

Die besten Sternepartner Fische, Krebs, Jungfrau

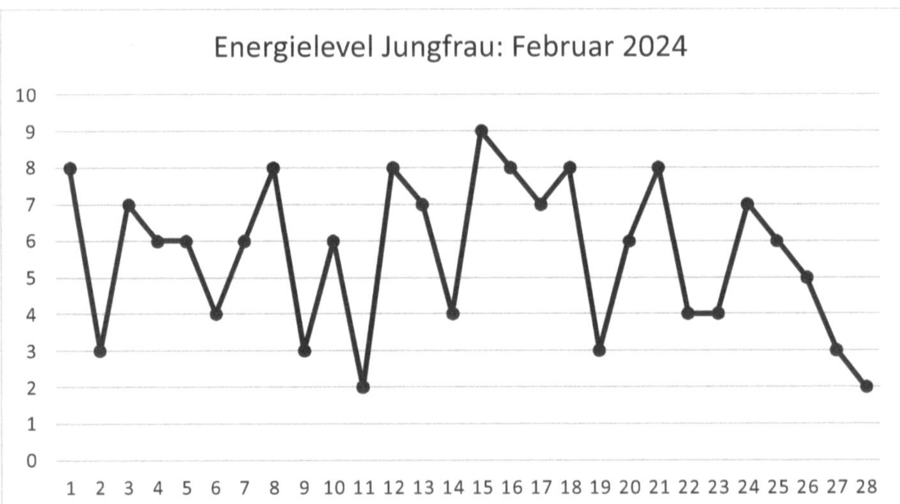

Ihre ganz persönlichen Sterne im

MÄRZ

♥ ***Liebe*** Die Liebe macht Sie an. Sie haben Lust. Aber leider stehen Ihnen die Sterne nur begrenzt zur Seite. Manchmal helfen sie Ihnen nicht zu einem passenden Partner, dann wieder haben Sie zwar einen Partner, aber keine rechte Lust. Da muss man warten.

🏆 ***Erfolg*** Auch in Ihrer Karriere klappt es nicht so richtig. Vielleicht müssen Sie sogar mit kleineren Rückschlägen fertig werden. Am besten Sie verlange nicht zu viel, dann können Sie auch nicht viel verlieren. Die letzten zehn Tage des Monats März werden besonders schwierig. Am besten, Sie sagen sich selbst, dass eine Besinnungszeit angesagt ist. Dazu gehört auch, sich von Problemen nicht klein machen zu lassen. Ihre Zeit kommt.

👍 ***Gut für*** Berufliche Verbesserungen

☹ ***Schlecht für*** Juristischen Auseinandersetzungen

✨ ***Die besten Sternepartner*** Steinbock, Fische, Stier

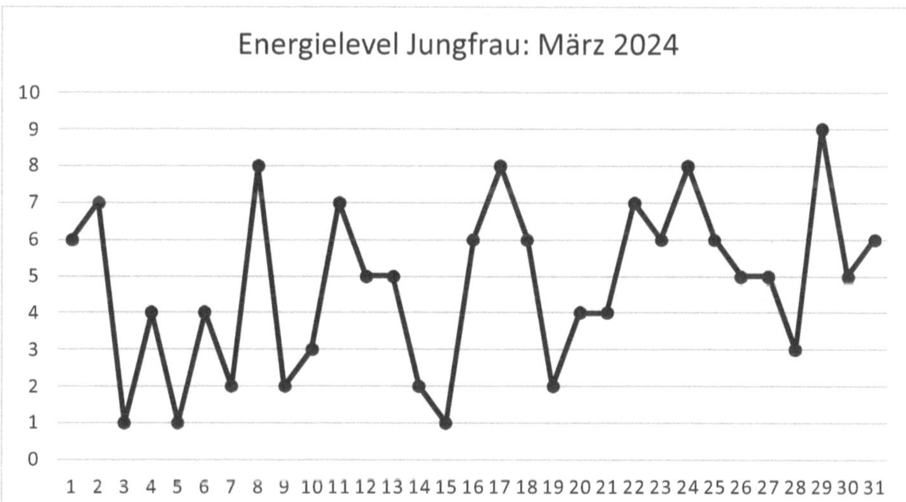

APRIL

Liebe Achten Sie darauf, wem Sie in diesem Monat begegnen: Es könnte Ihr Seelenpartner sein. Nehmen Sie aber auch zur Kenntnis, dass Beziehungen, die zu sehr an Äußerlichkeiten hängen, schnell ein Ende finden können, dass es leicht zu Missverständnissen kommt. Also: vorsichtig miteinander umgehen!

Erfolg So wie Mars positioniert ist, könnten Sie schnell die Vermutung bekommen, dass man Sie nicht fair behandelt. Sie tun sich auch schwer, sich gegen Konkurrenz zu behaupten. Da bleibt Ihnen nichts anderes übrig, als sehr achtsam zu sein. Ab dem 20. des Monats wird es leichter.

Gut für Sich behaupten

Schlecht für Streitereien und Auseinandersetzungen

Die besten Sternepartner Fische, Stier, Jungfrau

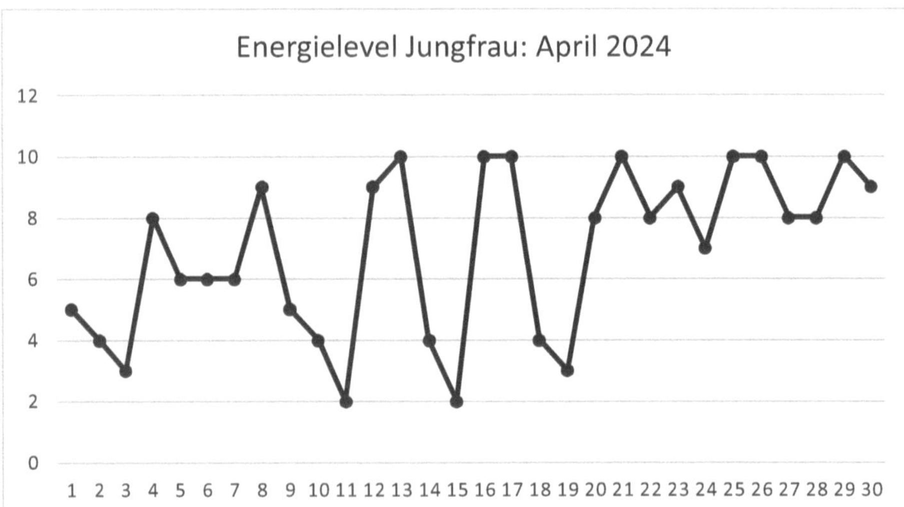

MAI

♥ ***Liebe*** Merkur kann sich voll entfalten und Sie mit den Menschen zusammenbringen, die für Sie wichtig sind und verbindet sich mit der Sonne, dem Jahresregenten. Da ist es gut möglich, dass er die richtigen Menschen miteinander verbindet. Er hilft auch, dass es in Ihrer Partnerschaft schöner wird.

Erfolg Die Sonne, Venus, Jupiter, Uranus und Merkur fungieren als kosmisches Team, das Ihnen zu tollen Chancen verhilft. Saturn steht Ihrem Sternzeichen gegenüber und passt auf, dass Sie sich bei Ihren tollen Chancen im Mai nicht übernehmen. Schön langsam, heißt seine Devise, und bitte, sorgfältig sein. Am Ende des Monats wartet eine Überraschung auf Sie. Das verschafft Ihnen ein tolles Gefühl.

Gut für Seine Gefühle leben

☹ ***Schlecht für*** Zu viel denken

✦ ***Die besten Sternepartner*** Fische, Krebs

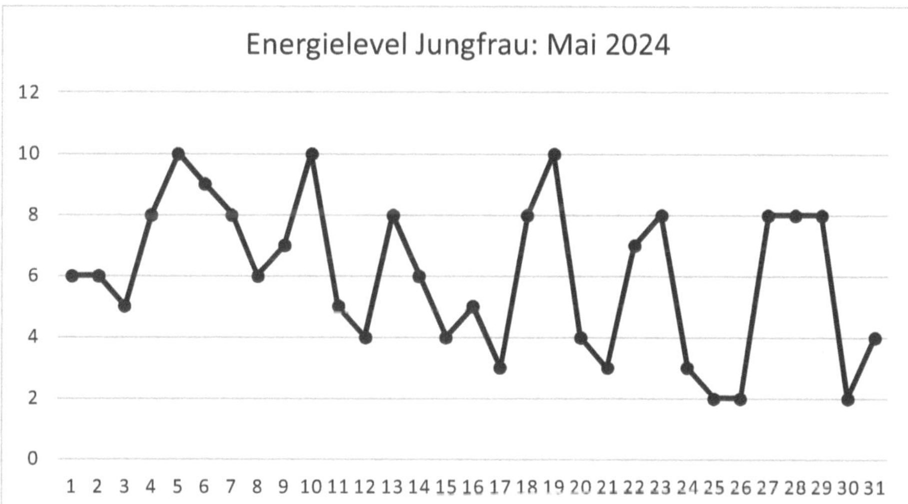

Ihre ganz persönlichen Sterne im

JUNI

Liebe Ab der zweiten Woche im Juni beziehen Mars und später Venus freundliche Beziehungen zu Ihrem Sternzeichen. Das führt in Ihren Beziehungen zu mehr gegenseitigem Verstehen. Gut möglich, dass Sie als Paar gemeinsam den Sommermonat Juni genießen dürfen. Für manche unter Ihnen wird der Juni zum Startmonat einen lebenslangen Partnerschaft.

Erfolg Saturn hat das Sagen. Er steht Ihrem Sternzeichen gegenüber. Das Positive: Sie wachsen mit den Schwierigkeiten und entwickeln Eigenschaften wie Hartnäckigkeit und Biss. Besonders erfolgreich ist die erste Monatshälfte. Man erkennt Ihre Stärken und konfrontiert Sie mit maßgeschneiderten Aufgaben. Sie kommen in Kontakt mit Menschen, die es schätzen, dass Sie nicht so leicht aufgeben.

Gut für Selbstvertrauen

Schlecht für Sich in Kleinigkeiten verlieren

Die besten Sternepartner Skorpion, Fische, Stier

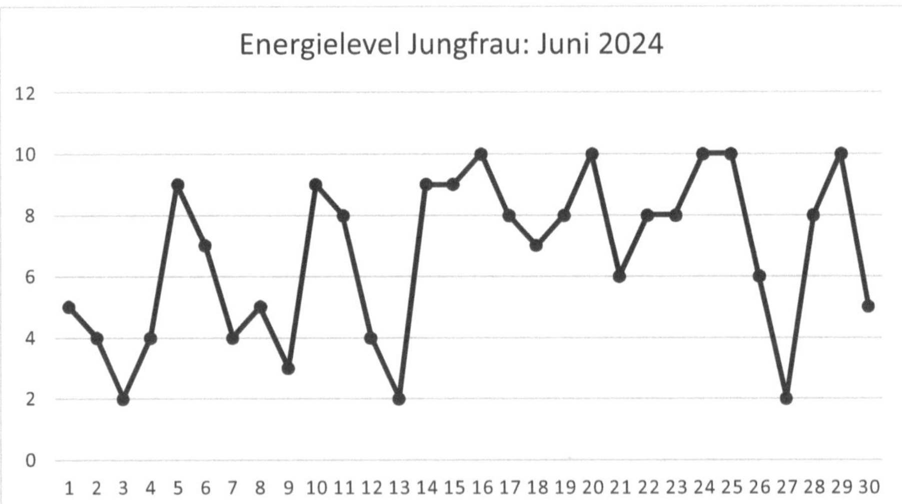

JULI

♥ ***Liebe*** Zwischen Ihrem Sternzeichen und Venus, besteht eine warmherzige Beziehung. Venus verleiht Ihnen inneren Halt, so dass Sie sich im Leben nie verlieren, sondern immer zurückfinden – wie ein Vogel in sein Nest. Gut möglich, dass Sie es mit einem Rivalen, einer Rivalin, zu tun haben: Lassen Sie sich auf keinen Fall klein machen, glauben Sie an sich!

🏆 ***Erfolg*** Ihre Herausforderung heißt Jupiter, der jetzt im Quadrat zu Ihrem Sternzeichen steht: Seine Botschaft: Sie müssen sich nicht nach außen verändern, sondern im Inneren. Beantworten Sie folgende Fragen: Was will ich? Was kann ich? Was kann ich nicht? Sie müssen Sie klar und unbestechlich sein.

👍 ***Gut für*** Freundschaften

☹ ***Schlecht für*** Mutlosigkeit

✨ ***Die besten Sternepartner*** Krebs, Fische, Skorpion

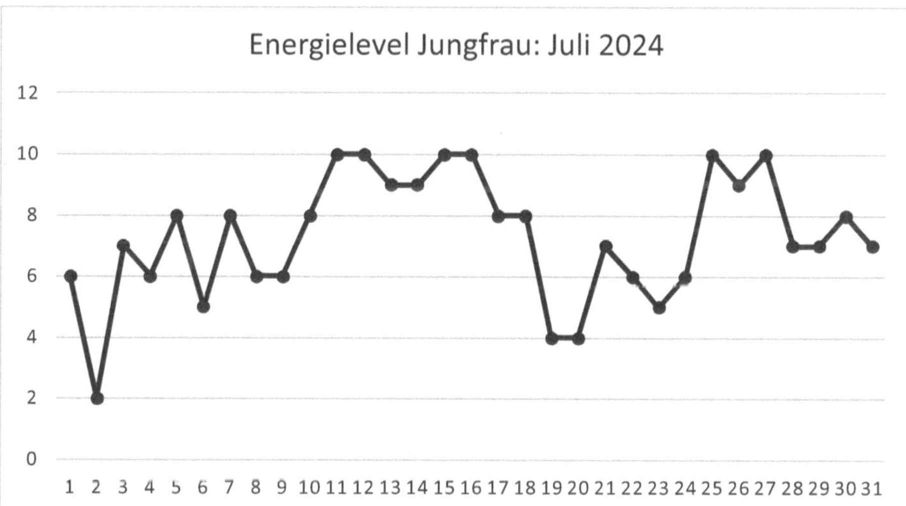

AUGUST

♥ ***Liebe*** Der Liebesplanet Venus steht in Ihrem Sternzeichen und versorgt Sie mit Hochgefühl. Das reißt alle mit, auch einen Partner, der in punkto Sex etwas schläfrig geworden ist. Sie unternehmen viel gemeinsam und das Erlebte schweißt zusammen. Für die Singles unter Ihnen ist endgültig angesagt, in Zukunft ein Paar zu sein. Sollte Ihnen ein Steinbock begegnen, unbedingt festhalten!

Erfolg Leben Sie nach dem Lustprinzip! Essen Sie, was Sie möchten und wenn es ein Stück Sahnekuchen ist. Solange es wirklich schmeckt, ist alles wunderbar. Was Ihnen Im August unheimlich viel Spaß macht: Ihr Garten! Sie haben keinen? Dann wird es Zeit! Töpfe kaufen, Fenster bepflanzen!

Gut für Zufriedenheit und Glück

☹ ***Schlecht für*** Auf bessere Möglichkeiten warten

✨ ***Die besten Sternepartner*** Steinbock, Jungfrau, Stier

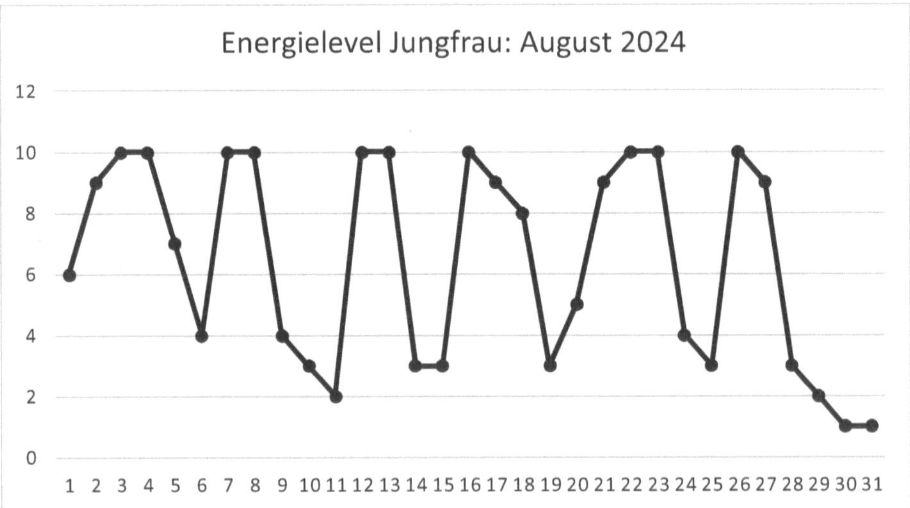

Ihre ganz persönlichen Sterne im

SEPTEMBER

♥ ***Liebe*** Mars im Krebs macht Sie weicher, passiver und empfangend. Sie lassen sich auf andere Menschen ein und Sind bereit für Überraschungen. Singles haben daher viel mehr Chancen. Auch das macht Mars möglich, dass die Initiative für ein Unternehmen von Ihnen ausgeht.

🏆 ***Erfolg*** Die Sonne als Regent des Jahres steht jetzt in Ihrem Sternzeichen und löscht Zweifel und Bedenken. Sie glauben an das Gute und vor allen Dingen wieder an sich. Dieses neue Selbstbewusstsein spüren nicht nur Sie. Wenn Sie mit anderen Menschen zu tun haben, spüren Sie, dass man Sie achtet. Vor allem, wenn Sie im Verkauf tätig sind, erzielen Sie tolle Erfolge.

👍 ***Gut für*** Sich um Ihre Gesundheit kümmern

☹ ***Schlecht für*** Einfach alles laufen lassen

✨ ***Die besten Sternepartner*** Jungfrau

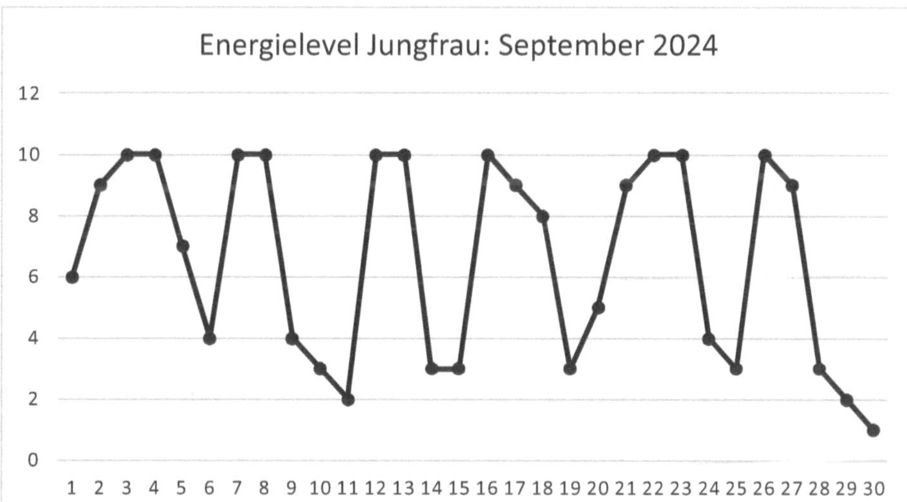

OKTOBER

Liebe Eine herrliche, freche, temperamentvolle Zeit läuft im Oktober, der Sie noch Glanzlichter aufsetzen können, wenn Sie ausbrechen und etwas Verrücktes anstellen. Sehen Sie auch zu, dass Sie sich mit den richtigen Leuten umgeben! Die falschen bremsen Ihren frischen Schwung.

Erfolg Im Oktober stehen Mars und Venus in einer für Sie sensationell günstigen Position. Das hinterlässt die gleiche Wirkung wie eine Frischzellenkur: Sie sind fit, spüren Tatendrang und treten sagenhaft selbstbewusst auf. Sogar die heißesten Eisen fassen Sie ganz cool und locker an. Länger währende Abmachungen sollten Sie allerdings bis zum Monatsende vor sich herschieben; Ihre Chancen werden nur noch besser.

Gut für Liebe, Lust und Leidenschaft

Schlecht für Sich zurückhalten

Die besten Sternepartner Jungfrau, Fische

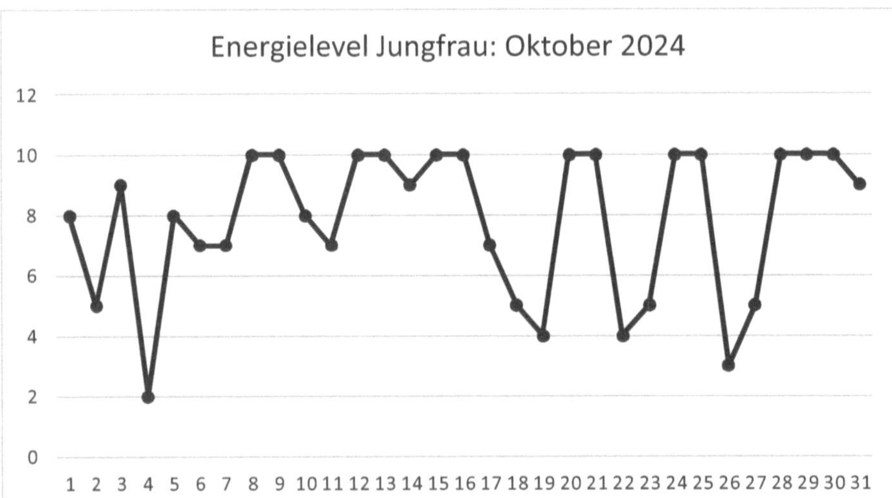

NOVEMBER

Liebe Die Liebe ist herrlich, Ihre Begegnungen sind leicht, witzig, charmant, aufbauend. Das gilt allerdings nur für Partnerschaften, die stimmig sind, was bedeutet, dass jeder den anderen so liebt, wie er ist und keine Ansprüche stellt. Partnerschaften, die überhaupt nicht stimmen und sich schon längere Zeit miteinander abquälen, ist vielleicht das Ende angesagt.

Erfolg Während andere unter der tristen Novemberstimmung leiden, setzt sich Ihre unbeschwerte Seite durch. Lediglich in der Neumondphase rund um den ersten des Monats packt auch Sie ein Anflug von Weltschmerz. Aber schon ab der zweiten Woche haben Sie wieder beste Laune.

Gut für Erotische Ausstrahlung

Schlecht für Immer nur die Nachteile sehen und nicht die Vorteile

Die besten Sternepartner Stier, Jungfrau, Steinbock, Fische

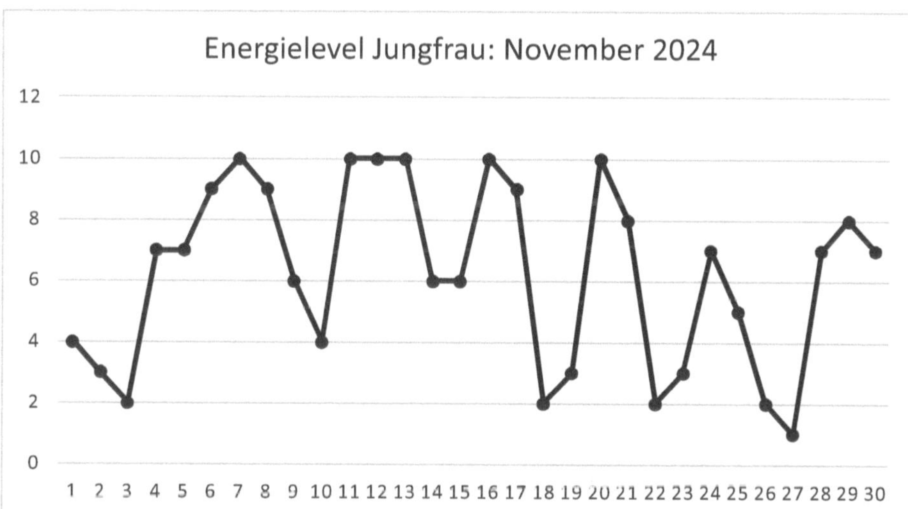

DEZEMBER

♥ ***Liebe*** Rechtzeitig zu Weihnachten erwacht Ihr erotischer Rhythmus, und damit Hunger auf Liebe, Spaß, Sex und Zärtlichkeit. Ob Sie auf Ihre Kosten kommen, ist ungewiss. Zwischen Mann und Frau läuft im Unterbewusstsein ein Geschlechterkampf: Es wird genölt, gekrittelt und gestritten. Erst am 26. kehrt wieder Friede ein, und Sie erleben einen verliebten Monatsausklang.

Erfolg Sie verstehen sich gerade ganz generell mit Menschen: Mit Ihrer sympathischen Art verbessern Sie sogar im Business Ihre Chancen. Nach dem Fest heißt es Nägel mit Köpfen machen! Ein Vorhaben, das Sie schon lange mit sich herumtragen, hat jetzt die allerbesten Startbedingungen.

Gut für Optimismus

Schlecht für Sich von schlechten Gefühlen einfangen lassen

Die besten Sternepartner Krebs, Stier, Jungfrau, Skorpion

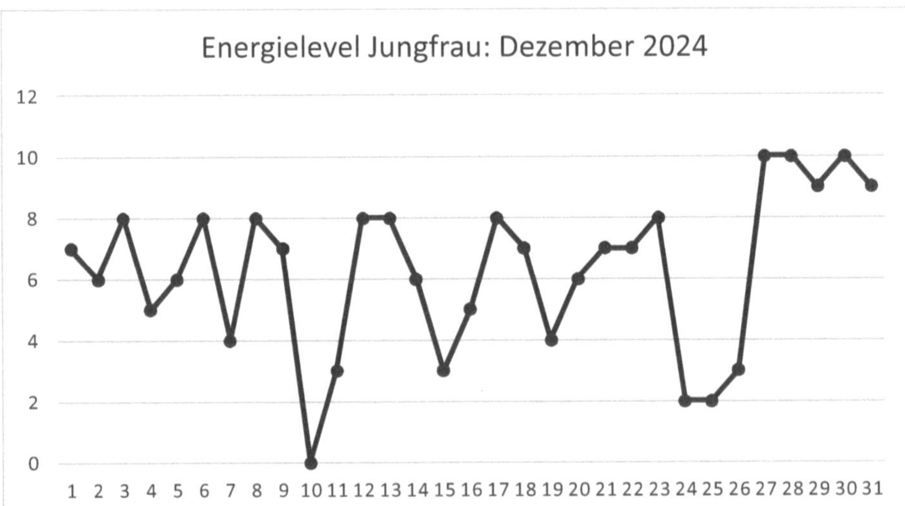

WAAGE

(24. September bis 23. Oktober)

Das Jahr wird von der Sonne regiert. Das bedeutet, die schönen und glücklichen Erlebnisse sind in der Mehrzahl. Besonders vielversprechend ist die Zeit ab 26. Mai, denn da bezieht Jupiter eine Position, die gleich haufenweise Vorteile verspricht. Sie kommen in den Genuss der positiven Seite Ihres Karmas, erleben eine tolle Liebesgeschichte und berufliche Verbesserungen. Die wichtigste Veränderung am Himmel betrifft Pluto. Dieser Planet befand sich fünfzehn Jahre in einer ungünstigen Position. 2024 ist dies Geschichte. Jetzt besteht zwischen diesem Planeten und Ihrem Sternzeichen ein Trigon. Damit gelangen seine sämtlichen, positiven Eigenschaften in Ihr Sternzeichen und damit in Ihr Leben. Pluto ist ein Erneuerer, in gewisser Weise sogar ein Revolutionär. Sie können daher davon ausgehen, dass Sie zu Ende des kommenden Jahres nicht mehr das gleiche Leben führen, wie heute. Sie sind weiter, besser, verdienen mehr Geld und arbeiten in einer besseren Position. Aber wie das bei einer Revolution immer der Fall ist, bevor etwas Neues entsteht, muss etwas Altes zu Ende gehen. Wie das im Einzelfall bei Ihnen vor sich geht, ist schwer vorherzusagen. Die schönste Variante lautet, dass Ihnen die Veränderungen leichtfallen und Sie dazu gerne bereit sind. Problematisch wird es, wenn Sie etwas loslassen müssen, was schwerfällt, weil Sie sich daran gewöhnt haben. Wie auch immer, Sie können ganz sicher sein, dass das neue besser ist als das alte.

Es ist auch nicht schlecht, wenn Sie sich Ihr Sternzeichen Waage vor Augen halten. Es handelt sich um eine Balkenwaage, also ein Werkzeug, das Gleichgewicht herzustellen vermag. Auch Begriffe wie Ausgleich, Mitte, Harmonie sind gemeint. Diese Prinzipien versuchen Sie auch in Ihrem Leben zu verwirklichen, was dazu führt, dass Sie grundsätzlich Veränderungen gegenüber kritisch sind. Genau das ist der Punkt, an dem Sie gefragt sind: Im Einzelfall wird 2024 diesbezüglich auch einmal eine größere Bereitschaft verlangt.

LIEBE

Ab Ende Mai beginnt die schönste Zeit des ganzen Jahres. Ein Tor ins Land der Liebe öffnet sich. Vielleicht bemerken Sie es nicht sofort, dass von Ihnen ein Art Leuchten ausgeht, ein Flair der Anziehung. Bestimmt stellen Sie fest, dass Ihre Mitmenschen interessanter und attraktiver sind. Das sind die richtigen Voraussetzungen, um sich zu verlieben, auf jemanden aufmerksam zu werden, der Ihnen seltsam vertraut ist. Vielleicht passiert es jetzt, dass Sie dem Menschen begegnen, der für Sie bestimmt ist. Sind Sie schon in einer Partnerschaft, entdecken Sie wieder, dass Sie den richtigen Menschen an Ihrer Seite haben. Jedoch ist es auch möglich, dass Sie unzufrieden sind. Dann sind auch hier Veränderungen angesagt. Sie müssen miteinander reden. Im Extremfall kann es auch einmal so weitgehen, dass Sie sich trennen. Das ist dann natürlich mit Problemen verbunden. Aber bestimmt wird es Sie trösten, zu hören, dass Sie in der zweiten Hälfte des Jahres leicht einen neuen Partner finden. Auch das ist möglich, dass Sie 2024 den Wunsch verspüren, Ihre Partnerschaft zu festigen, zum Beispiel durch einen Ehevertrag. Und auch das ist angesagt, dass Sie für Nachwuchs sorgen.

"Mystisches Gleichgewicht:
Erfolg, Liebe und Transformation warten"

KARRIERE

Dass die Sonne regiert und Ihnen viele Vorteile schenkt, merken Sie erst richtig Ende Mai, und Sie erleben einen herrlichen, späteren Frühling. Berufliche Erfolge fallen Ihnen leicht. Der „Zufall" bringt Sie mit Menschen zusammen, die Ihnen beruflich weiterhelfen. Vielleicht stoßen Sie auch auf ein interessantes Angebot und steigen um. Finanzielle Vorteile kommen dann ab Sommer. Sie werden ganz bestimmt das Jahr besser beenden, als Sie es begonnen haben. Das setzt allerdings voraus, dass Sie Sie für Pluto bereit sind. Wie schon gesagt, handelt es sich bei ihm um einen Revolutionär, und Veränderungen machen bestimmt nicht automatisch vor Ihrer momentanen beruflichen Situation halt. Aber ist es nicht so, dass Sie schon seit längerem feststellen, dass Veränderungen bereits stattfinden oder angesagt sind? 2024 geht dieser Trend weiter und betrifft im Besonderen Sie, die Waage. Aber, und das wurde auch gesagt, Sie sind diesbezüglich etwas scheu und wehren sich gegen Neues. Vielleicht begegnen Sie dieser Haltung durch ein Ritual gleich in der Silvesternacht. Zünden Sie eine Kerze an und versprechen Sie dem Kosmos, dass Sie bereit sind, sich auf Pluto einzulassen.

CHARAKTER	Anmutig, liebenswürdig
PERSÖNLICHES AUFTRETEN	Stilvoll, zuvorkommend
FÜHLEN	Einfühlsam, harmonisch
STEIN	Saphir
TIER	Schmetterling
PFLANZE	Veilchen
BESTER TAG	Freitag

JANUAR

Liebe Mit Venus im Steinbock rücken heiße Abenteuer eher in den Hintergrund. Sie lassen sich nur noch ein, wenn die Hoffnung da ist, es könnte etwas Festes werden. Venus im Zeichen Schütze wiederum macht Lust auf eine Reise. Am schönsten wäre natürlich ein Trip in den Süden. Aber auch ein Wochenende in den Bergen zum Skifahren wäre genau richtig.

Erfolg Das größte Glück ist, dass Sie Erfolg haben. Ganz einfach, weil Sie Erfolg anders definieren. Sie suchen nach neuen Herausforderungen. Sie wollen etwas bewegen, auf die Beine stellen, was neu ist in Ihrem Leben. Genau mit diesem Rezept verblüffen Sie die Konkurrenz und stehen zum Schluss als Sieger da.

Gut für neue Ideen und vielleicht sogar für Ihre Karriere.

Schlecht für Zu viel allein machen. Teamarbeit ist angesagt

Die besten Sternepartner Wassermann

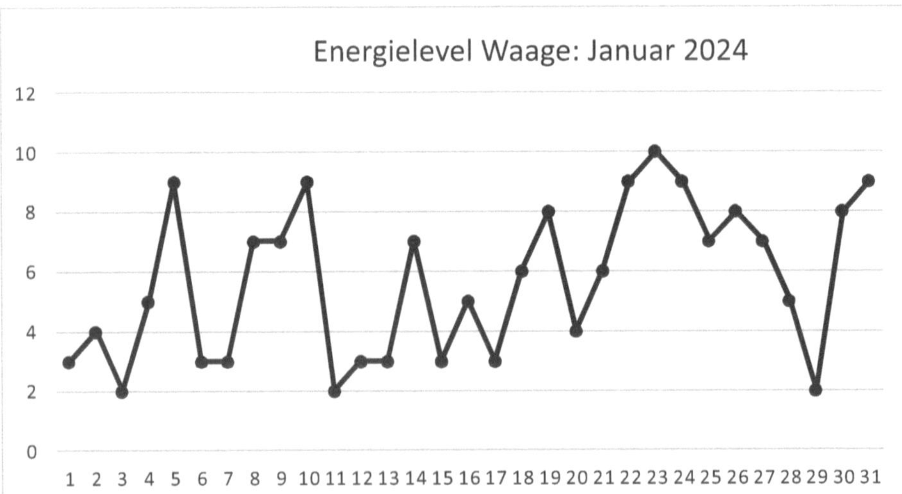

FEBRUAR

Jetzt befindet sich Pluto im Sternzeichen Wassermann, wo er beinahe 20 Jahre bleibt. Da ist es bestimmt nicht falsch, sich jetzt schon darauf einzustellen: Pluto verlangt Veränderung. Es heißt, Gewohnheiten loszulassen, um dadurch Neuem, Besserem Platz zu machen.

♥ ***Liebe*** Für den Fasching bekommen Sie grünes Licht. Nur erwarten Sie keine großen Liebesgeschichten. Dafür fehlen die passenden Sterne. Der zweitens Monatshälfte wird im Zwischenmenschlichen sehr angenehm. Vielleicht verlieben Sie sich erst jetzt.

🏆 ***Erfolg*** Der Monat verlangte Routine, lässt allerdings ist auch für eine Überraschung Platz. Also seien Sie offen und bereit, wieder einmal etwas Neues zu wagen. Von finanziellen Gewinnen steht allerdings nichts im Stundenplan der Sterne.

👍 ***Gut für*** Positives Selbstwertgefühl

☹ ***Schlecht für*** Blauäugigkeit

✨ ***Die besten Sternepartner*** Wassermann, Widder, Waage

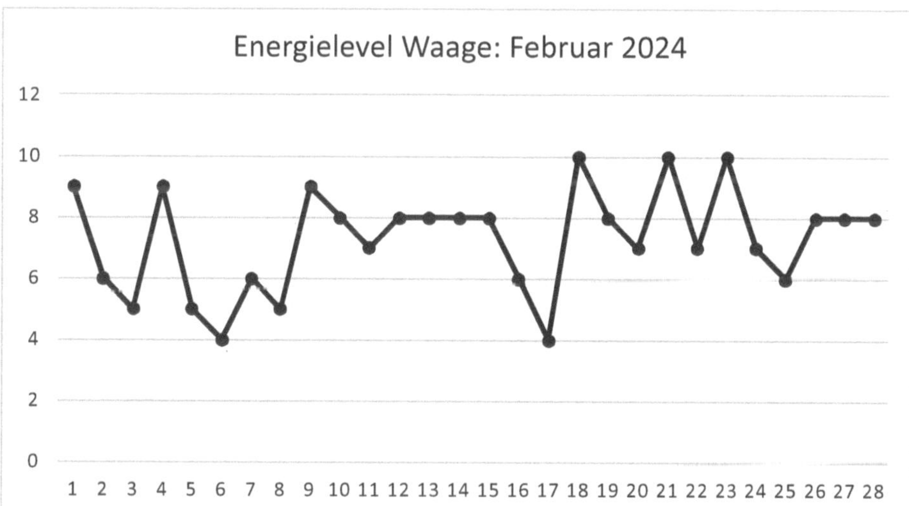

MÄRZ

Liebe Mars und Venus machen Sie an. Da werden Ihre Beziehungen im März paradiesisch schön, mit Höhepunkten in der ersten Woche. Leider hält die gute Laune nicht bis zum Frühlingsanfang am 20. März an. Im Gegenteil, jetzt nehmen die positiven Einflüsse der Liebessterne sogar ab. Aber, das nehmen Sie hin, denn Sie wissen, dass es bald wieder besser wird.

Erfolg Am 20. März beginnt ganz offiziell der Frühling, Aber Ihr persönlicher Frühling beginnt schon Anfang des Monats: Sie bekommen auf der ganzen Linie Grün für einen Vorstoß in punkto Karriere. Dann, nach dem eigentlichen Start in den Frühling am 20., raten Ihnen die Sterne sogar, sich zurückzuhalten.

Gut für Sie entdecken ganz neue Seiten an Ihrem Partner.

Schlecht für Streit

Die besten Sternepartner Waage, Widder, Zwillinge

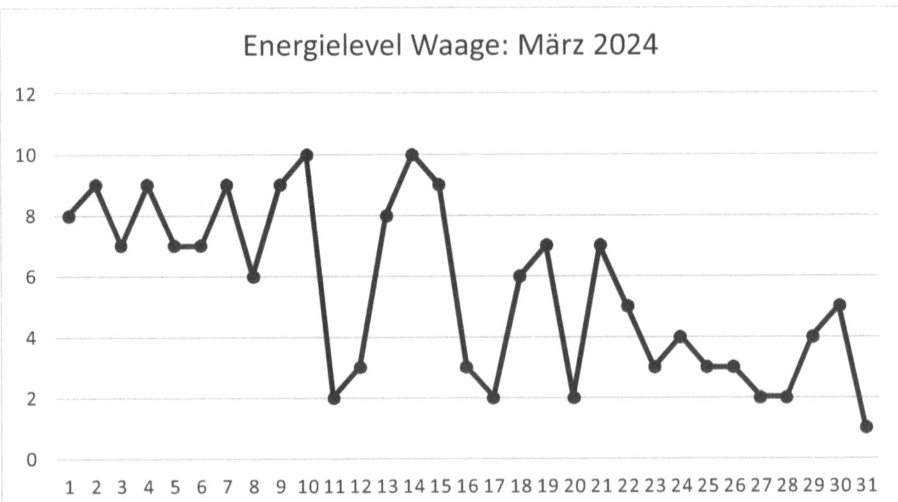

APRIL

♥ ***Liebe*** Die Liebe profitiert davon, dass Sonne und Venus Ihrem Sternzeichen genau gegenüber im Widder stehen. Da wird das Leben lustvoll und steckt voller toller Überraschungen. Langeweile ist ein Fremdwort. Vergessen Sie nur nicht, dass Neptun in Ihr Leben eingetreten ist und Tiefe und Spiritualität verlangt.

🏆 ***Erfolg*** Mit Ihren Sternen können Sie alles erreichen, was Sie sich vornehmen. Nichts ist unmöglich, denn Sie haben viele wichtigen Sterne auf Ihrer Seite. Das riecht nach mehr Geld und nach einer besseren Arbeit. Jetzt müssen Sie nur noch rechtzeitig auf die Bremse treten: Am 20. des Monats verlässt nämlich die Sonne ihre günstige Position. Jetzt heißt es, vorsichtig sein.

👍 ***Gut für*** Alle wichtigen Angelegenheiten

☹ ***Schlecht für*** Selbstzweifel

✨ ***Die besten Sternepartner*** Wassermann, Zwillinge

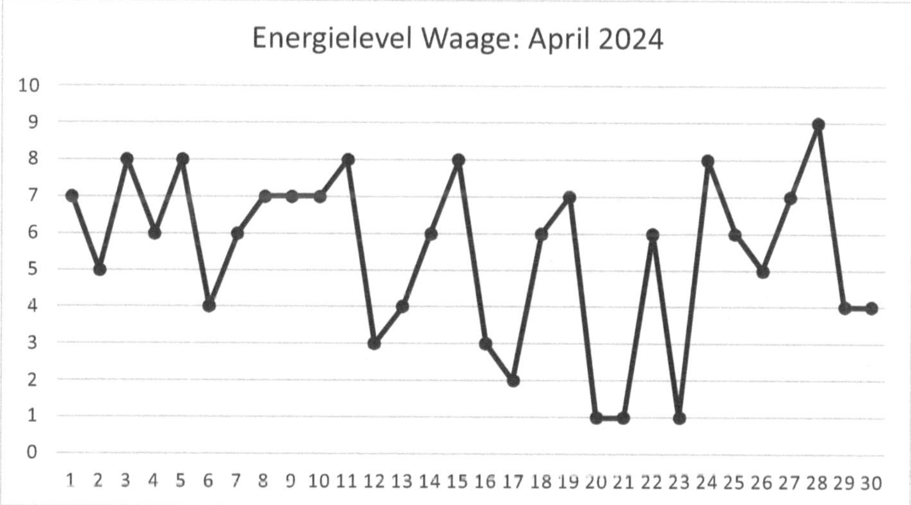

MAI

Liebe Der Feuerplanet Mars verleiht Ihnen viel Energie. Nun sind Sie aber eine Waage, die ihre Zeit braucht. Wenn man Sie drängt, werden Sie nervös und treffen am Ende Entscheidungen, die nicht optimal sind. Was können Sie machen? Bestehen Sie darauf, dass Sie Ihre Zeit brauchen, um gute Entscheidungen zu treffen. Andererseits versuchen Sie die Energie von Mars anderweitig abzubauen, zum Beispiel, indem Sie mehr Sport treiben.

Erfolg Im Mai heißt es, bodenständig sein. Die Sonne steht im Stier, ein Zeichen für Gründlichkeit, Sicherheit und Liebe. Lassen Sie sich davon bei allem, was Sie tun, leiten. Sie werden also auf gar keinen Fall irgendetwas unternehmen, was nicht ganz sicher ist.

Gut für Generelle Beschleunigung

Schlecht für Sich gehen lassen

Die besten Sternepartner Wassermann, Zwillinge

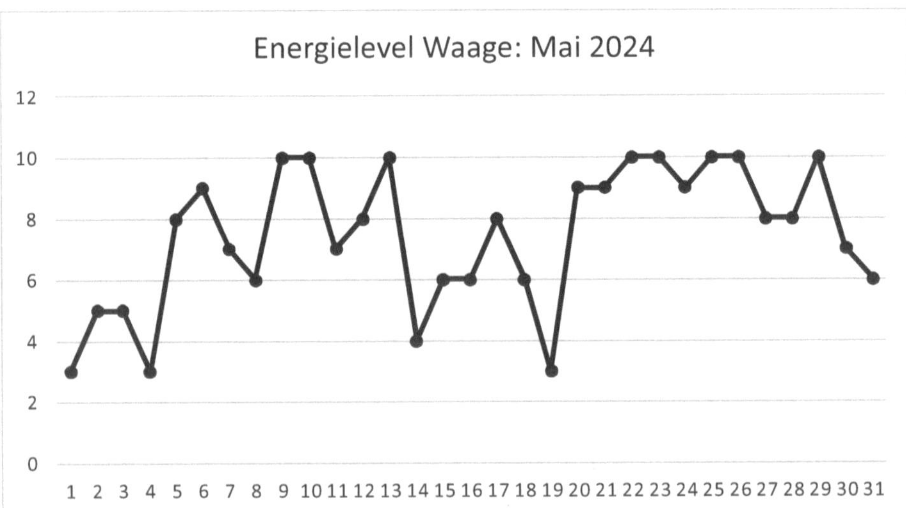

JUNI

Liebe Jupiter, Merkur, die Sonne und Venus stehen Ihrem Sternzeichen gegenüber. Damit hat der Monat Juni allerbeste Aussichten für ein grandioses Gefühlskino, das genauso leidenschaftlich wie unvernünftig ist. Denn nicht nur Ihr Herz setzt aus bei dieser Wahnsinns-Liebe, auch Ihr Kopf stellt das Denken ein. Die Prognosen: Aus einer zunächst kurzen und heftigen amour fou mausert sich ein Bündnis fürs Leben.

Erfolg Ihre Karriere-Sterne arbeiten vom ersten Tag des Monats an. Jupiter beflügelt Sie und Mars weckt Machtgelüste: Erfolg wird beinahe eine Selbstverständlichkeit. Selbst jede Menge Extraarbeit kann Ihnen Ihre Lust nicht nehmen. Und so hart und freudlos, wie in der vergangenen Zeit wird es sowieso nicht mehr.

Gut für Erfolge auf der ganzen Linie.

Schlecht für Unüberlegt starten

Die besten Sternepartner Zwillinge, Waage, Widder

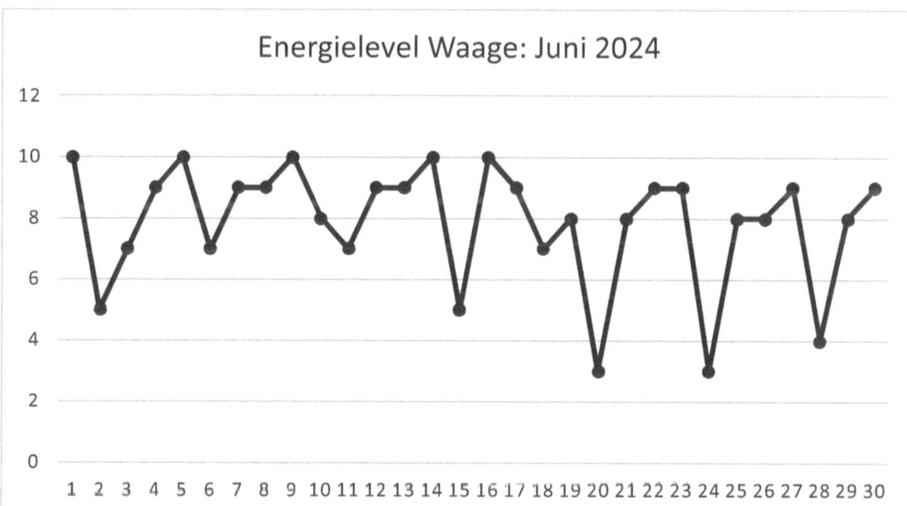

JULI

Liebe Jupiter Im Zeichen Zwillinge in Ihrem fünften Solarhaus sorgt nicht nur dafür, dass Sie schön(er) und attraktiv(er) sind. Er sorgt auch für tolle Schnäppchen. Rund um den Vollmond, also am 21. des Monatsfühlen Sie auch mehr Liebe. Die Sterne munkeln sogar, dass so manches Waage-Paar daran denkt, zu heiraten. Die schönste Zeit wäre in der zweiten Monatshälfte.

Erfolg Saturn steht ungünstig zu Ihrem Sternzeichen. Da mussetwas getan werden Aber mit Jupiter im Trigon können Sie dann auch wirklich etwas erreichen. Jupiter kümmert sich um gute Ideen, und Saturn sorgt für die Realisierung. Die Sterne sind sich ganz sicher: Es geht aufwärts.

Gut für Begegnung mit Ihrem Seelenpartner.

Schlecht für Neptun und damit spirituelle Wege nicht beachten

Die besten Sternepartner Widder, Waage, Schütze

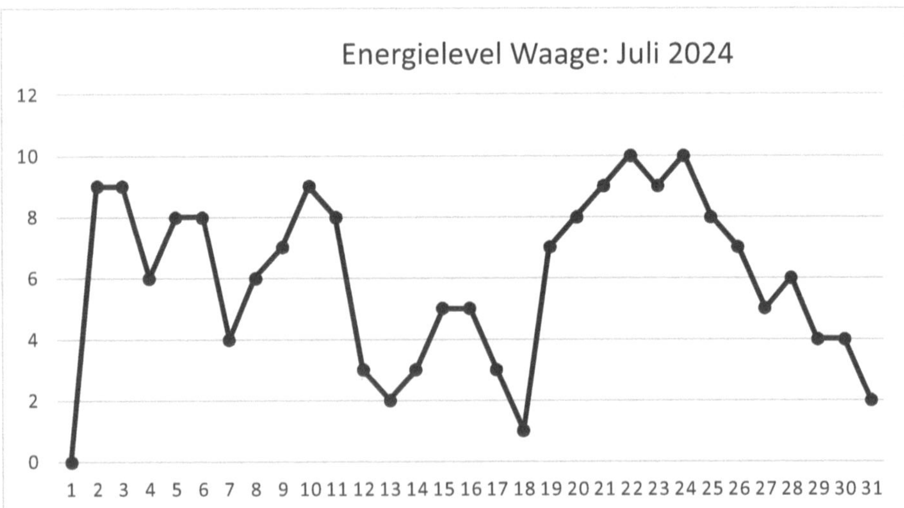

AUGUST

♥ ***Liebe*** Am schönsten ist, dass Ihnen im August Enttäuschungen erspart bleiben. Wenn Sie Liebe spüren, können Sie sich fallen lassen. Es gibt kein böses Erwachen mehr. Manchmal bekommen Sie auch Pluto zu spüren. Vielleicht mischt er sich in Ihr Traumleben ein. Wie immer es auch ist, Pluto hat folgende Botschaft: Deine Liebe ist stärker als alles andere.

Erfolg Auch Ihre Berufsaussichten sind derart rosig, dass Sie sich keine Sorgen machen müssen. Jupiter und Mars befinden sich beide im freundlichen Trigon zu Ihrem Sternzeichen. Das gibt viele Punkte. Zum Monatsende ist auch mehr Geld für Sie vorgesehen. Sogar davon ist die Rede, dass unter Lottogewinnern Waagegeborene sind.

Gut für Entspannen, es sich gut gehen lassen

☹ ***Schlecht für*** Sich Sorgen machen

✦ ***Die besten Sternepartner*** Wassermann, Zwillinge

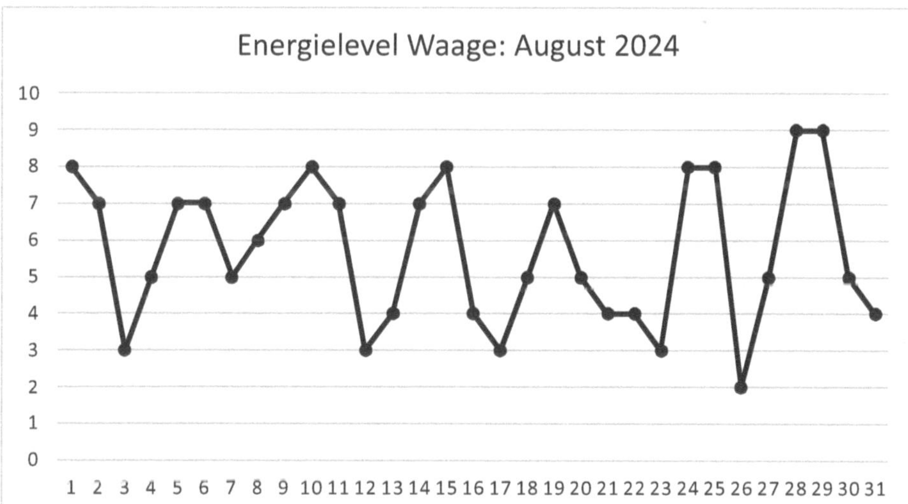

SEPTEMBER

Liebe Venus steht in Ihrem Sternzeichen. Wenn Ihnen dann jemand besonders nahe ist, kann es passieren, dass Sie ernsthaft an eine gemeinsame Zukunft denken. Singles testen regelrecht, wer am besten passt und sind dabei äußerst wählerisch. Denn eines ist auch klar: Sie könnten auch alleine. Bei Paaren läuft es ähnlich. Sie definieren Ihr Glück nicht weiter über die Beziehung. Sie sind sich selbst am nächsten.

Erfolg Jetzt werden endlich Ihre Träume wahr! Ihre Ideen und Talente können wachsen, sich entfalten, werden Früchte tragen. Das klingt großartig. Das ist es auch. Aber Sie müssen auch an sich glauben. Warum nicht morgens aufstehen und sich sagen, dass Sie heute einen erfolgreichen Tag haben werden!

Gut für Venus schafft Verpflichtungen

Schlecht für Zögerliches Abwarten, sich nicht entscheiden können.

Die besten Sternepartner Waage, Wassermann, Löwe

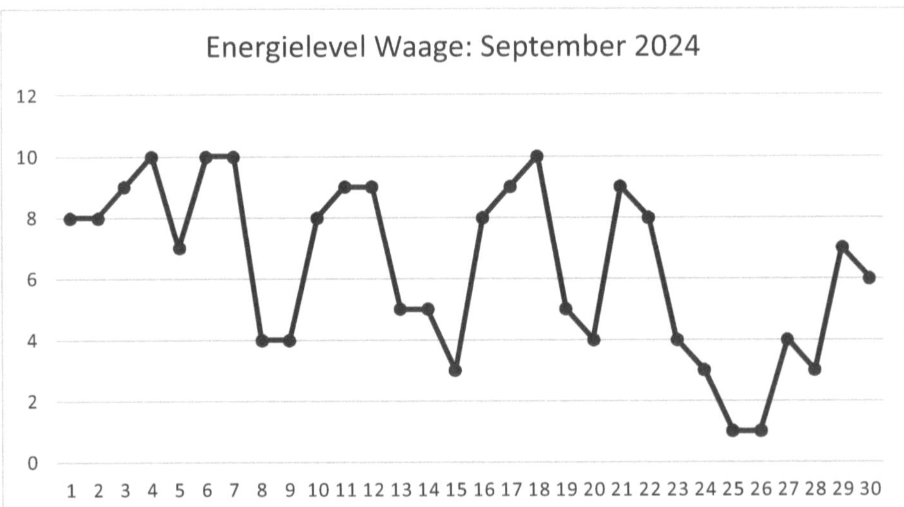

Ihre ganz persönlichen Sterne im

OKTOBER

♥ ***Liebe*** Die Liebe schafft Konflikte: Freiheit oder Hingabe? Mehr in Richtung Autonomie? Oder heißt die Lösung mehr Gemeinsamkeit? Im Einzelfall ist heftiges Beziehungsgerangel nicht zu vermeiden. Besonders allergische Zeiten sind in der dritten Novemberwoche.

🏆 ***Erfolg*** Alles geht leicht und locker von der Hand. Man tritt Ihnen mit offenen Armen entgegen. Das Glück steht auf Ihrer Seite. Herrlich, im Oktober ist Stress einmal ein Fremdwort für Sie! An den letzten zehn Tagen wird es manchmal beschwerlich, gelegentlich sogar hart; aber Hilfe kommt stets zur rechten Zeit. Der Monatsausklang wird bitter - es sei denn, Sie können ihn durch eine Reise versüßen.

👍 ***Gut für*** Positiv bleiben.

☹ ***Schlecht für*** Unglück nicht loslassen

✨ ***Die besten Sternepartner*** Wassermann, Widder, Waage

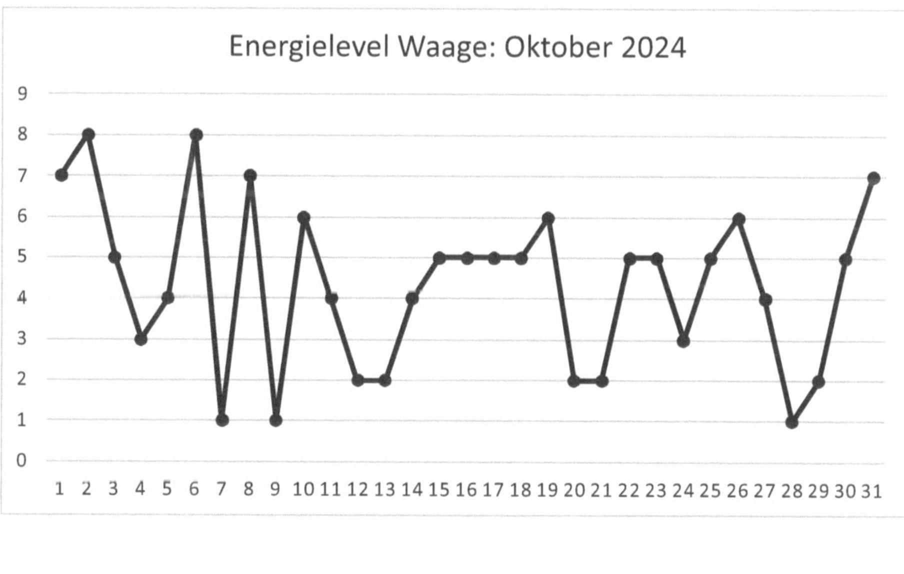

Ihre ganz persönlichen Sterne im

NOVEMBER

♥ ***Liebe*** Zum Monatsanfang gibt Ihnen die Liebe Kraft. Möglicherweise bahnt sich gar eine kleine Sensation im Reich der Sinne an. Ab dem 10. des Monats ist es erstmal vorbei mit den tollen Aussichten in der Liebe. Aber davon lassen Sie sich nicht runterziehen. Das wird sich auch wieder ändern.

🏆 ***Erfolg*** Bis zum 20. des Monats müssen Sie sich wie ein Bulldozer durch ein Gestrüpp aus Arbeit und Behinderungen kämmen. Aber - und das allein ist Ihnen wichtig - Sie erreichen, was Sie sich vornehmen. Dazu könnte im Einzelfall auch gehören, dass Sie eine ganz neue Arbeit beginnen, die Ihnen viel mehr entspricht.

👍 ***Gut für*** Liebe

☹ ***Schlecht für*** Zu viel wollen

✨ ***Die besten Sternepartner*** Waage, Löwe

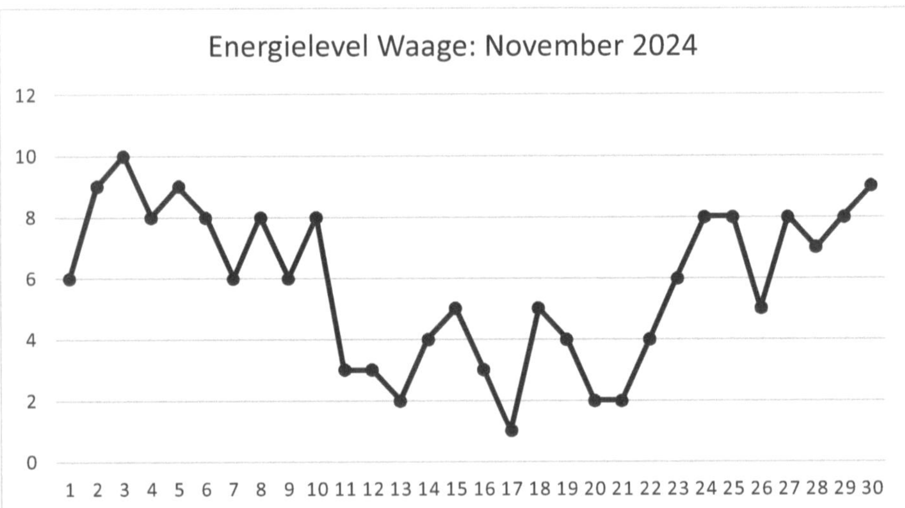

DEZEMBER

♥ ***Liebe*** Süßer die Glocken nie klingen: An dieses Weihnachtsfest inclusive Sylvester werden Sie sich noch in zwanzig Jahren erinnern. Venus und Mars versorgen Sie vier Wochen non-stop mit Liebeshöhepunkten - vom romantischen Hüttenzauber à deux bis zu heftigen Knutschereien auf Weihnachtsfeiern und Silvesterparties. Das Beste daran: Selbst das One-Night-Abenteuer auf der Dienstreise und die heimliche Affäre ohne Aussicht auf Happy-end hinterlassen keinen Gefühlskater.

🏆 ***Erfolg*** Mars zieht durch das Zeichen Löwe und damit im Sextil zu Ihrem Sternzeichen. Der Jahresabschluss heuer kann sich bestimmt sehen lassen: Bonbon Abschluss - Sie haben gewonnen

👍 ***Gut für*** Ein gutes Gefühl zum Jahresende

☹ ***Schlecht für*** nicht zufrieden sein

✨ ***Die besten Sternepartner*** Zwillinge, Waage, Schütze

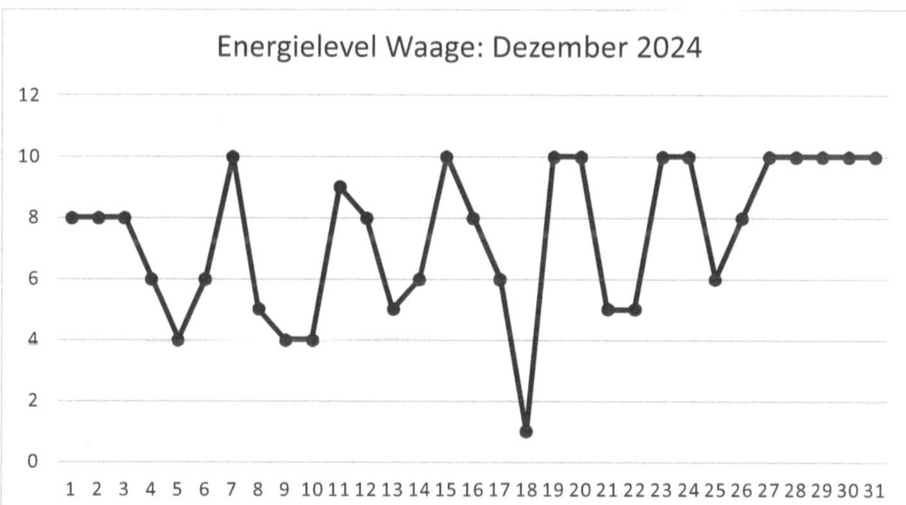

SKORPION
(24. Oktober bis 22. November)

Kosmische Königin des Jahres 2024 ist die Sonne. Dadurch bekommt Ihr Leben mehr Sommerqualität mit all den schönen Dingen, die ein Sommer mit sich bringt: Licht, Schönheit und Liebe. Jupiter, der Stern, der den verheißungsvollen Namen „Glücksplanet" trägt, befindet sich bis Mitte Mai Ihrem Sternzeichen genau gegenüber. Also werden Sie dem Glück immer wieder begegnen. Uranus, ein Stern, der dem Leben neue Impulse verpasst, hält sich gleich das ganze Jahr über dort auf. Er kümmert sich darum, dass Ihr Leben spannend und aufregend bleibt. Und dann bekommen Sie auch noch Saturn. Er tritt normalerweise als Besserwisser oder gar Blockierer auf, greift2024 vor allem im Zwischenmenschlichen Ihnen unter die Arme. Pluto, Ihr persönlicher Herrscherplanet, hat die letzten 15 Jahre Ihr Leben geprägt. Das war nicht immer einfach. Er verlangt Tiefe, Gründlichkeit, Intimität und Wahrheit. Ab 2024 zieht dieser Planet weiter und lässt Sie frei.

Natürlich wollen Sie auch erfahren, was Sie in punkto Gesundheit erwartet. Von den bisher erwähnten Planeten inklusive der Sonne kommt nur Gutes. Sie schlafen besser, haben mehr Kraft, sind fit, bleiben gesund. Auf Pluto müssen wir ein bisschen länger eingehen. Dieser Stern steht jetzt zu Ihrem Sternzeichen in einem Quadrat. Insbesondere wenn Ihr Geburtstag rund um den 24. Oktober liegt, sollten Sie etwas für Ihre Gesundheit tun und viel trinken, gesund essen, täglich bewegen, Ihren Körper mit Reinigungstee entschlacken, viel frische Luft und Sonne tanken. Neptun bekommt eine wunderbare Aufgabe: Normalerweise hilft Ihnen dieser Planet, macht Sie offen für die Probleme des Lebens. Insbesondere, wenn es um Vertrauen geht, können Sie sich auf diesen Stern verlassen. Er verleiht Ihnen Stärke, wenn es darum geht, den richtigen Weg einzuschlagen. Er ist wie ein Verbündeter, der Ihnen verrät, wie es weitergeht, wenn Sie schon alles andere ausprobiert haben.

LIEBE

Glücksstern Jupiter besetzt Ihr Partnerhaus. Damit wird die Liebe genüsslich, stressfrei und entspannt! Sie bemerken von Tag zu Tag mehr, dass Ihre Beziehungen nicht nur aus gegenseitigen Verpflichtungen bestehen, sondern aus Zärtlichkeit, Koseworten, netten Aufmerksamkeiten und spontanen Einfällen. Sie haben häufiger Sex und mehr Spaß dabei.

Saturn verleiht Ihnen mehr persönliche Reife. Das kommt besonders den Singles unter Ihnen zugute, denn sie bringen sich gleich von Anfang an so ein, wie Sie sind, und nicht getarnt oder geschönt. Das hat den Effekt, dass Sie später nichts zurechtrücken müssen und sich so zermürbende Auseinandersetzungen ersparen.

Verheißen denn die Sterneeinen neuen Partner? Ja, mit dem Zusatz: etwas ganz Besonderes. Er, bzw. sie, ähneln nämlich dem Planeten Jupiter. Sie begegnen jemandem, der Ihnen das Gefühl gibt, von höherer, kosmischer Stelle als Ihr Seelenpartnerbestimmt zu sein. Das ist etwas ganz Besonderes und Einmaliges. Das passiert ganz selten im Leben. Das lässt sich auch gar nicht so einfach beschreiben, weil es letztendlich ein Wunder ist. Jedenfalls verlaufen zwischen Ihren Herzen unsichtbare Energiefäden, und es ist, als würden Ihre Seelen miteinander verschmelzen.

Kosmische Kraft, deine Sterne
führen 2024 zum Erfolg!

KARRIERE

Ihre Karriere wird von der Sonne, Jupiter und Uranus regelrecht beflügelt. Erfolge sind sicher, und selbst jede Menge Extraarbeit kann Ihnen Ihre Lust auf Erfolg nicht nehmen. Hart und freudlos wird Ihre Arbeit ohnehin nicht. Sie haben zwischendurch immer wieder genug Zeit, um tief durchzuatmen und neue Energien zu tanken. Am schönsten ist, dass Jupiter in Ihrem Gegenzeichen für Menschensorgt, die Ihnen helfen, Sie fördern. Im Einzelfall ist es sogar möglich, dass man in Sie Geld investiert, weil man von Ihren besonderen Fähigkeiten absolut überzeugt ist. Auch wenn Sie nicht (mehr) arbeiten, haben sie ein großartiges Jahr vor sich. Mit Uranus (Ihrem Sternzeichengegenüber) wird Sie nie das Gefühl von Langeweile überkommen. Sie erfinden jeden Tag etwas Neues, Aufregendes, Spannendes. Dazu kann auch gehören, dass Sie sich an der Volkshochschule oder anderswo weiterbilden. Jupiter und Uranus wecken Ihr Interesse, einen Heil- oder Beratungsberuf zu ergreifen. Vielleicht buchen Sie ein Seminar oder gleich eine Ausbildung in Astrologie oder einem anderen spirituellen Fach. Manche unter Ihnen werden sich auch ehrenamtlich betätigen. Dabei spielt dann bestimmt auch Ihr Wunsch zu helfen die Hauptrolle. Pluto kommt auch hier eine besondere Rolle zu: Wie bereits gesagt drängt er auf Veränderung und Erneuerung. Das kann im Einzelfall auch einmal bedeuten, dass Sie Ihre bisherige Tätigkeit an den Nagel hängen. Grundsätzlich ist für Ihre Zukunft Offenheit angesagt. Aber Sie können sicher sein, dass dieser Planet Ihnen nur Dinge vorsetzt, die letztendlich gut für Sie sind.

CHARAKTER	Mutig, furchtlos, entschlossen
PERSÖNLICHES AUFTRETEN	Energisch, kraftvoll, mysteriös
FÜHLEN	Leidenschaftlich, tief
STEIN	Jaspis
TIER	Panther
PFLANZE	Lotus
BESTER TAG	Dienstag

JANUAR

Jetzt befindet sich Pluto im Sternzeichen Wassermann, wo er beinahe 20 Jahre bleibt. Da ist es bestimmt nicht falsch, sich jetzt schon darauf einzustellen: Pluto verlangt Veränderung. Es heißt, Gewohnheiten loszulassen, um dadurch Neuem, Besserem Platz zu machen.

♥ ***Liebe*** Venus lässt sich Zeit und damit auch die Liebe: Keine aufregenden Begegnungen, weder mit Ihrem jetzigen Partner, noch mit jemandem, den Sie neu kennen gelernt haben.

Erfolg Die Sonne und Mars befindet sich im Sternzeichen Steinbock. Das sind gute Vorgaben für berufliche Erfolge. Allerdings steht bis zur Monatsmitte Merkur ungünstig. Mit einfachen Geschäftsverbindungen dürfen Sie da nicht rechnen.

Gut für Sich mit Menschen verbinden, die anders sind als Sie.

☹ ***Schlecht für*** Mutlos sein.

✦ ***Die besten Sternepartner*** Jungfrau, Steinbock

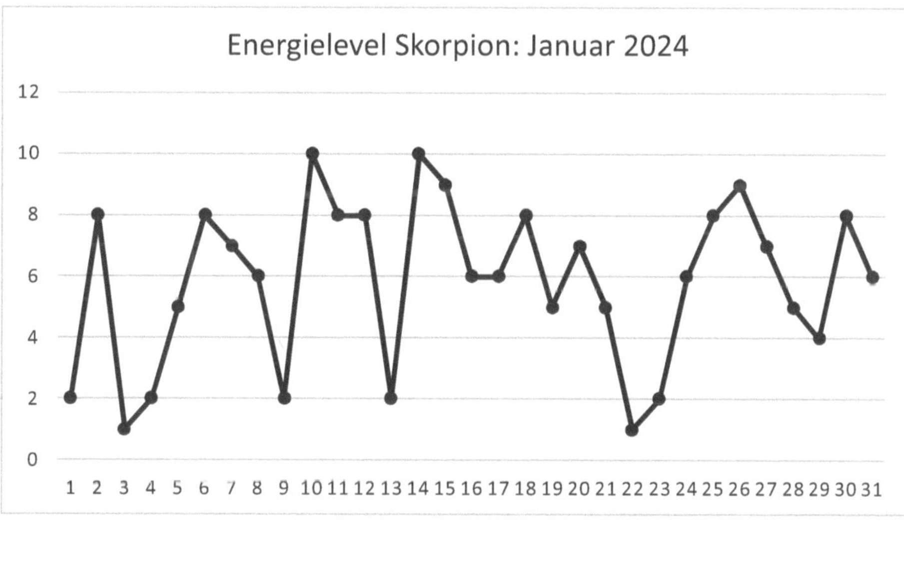

FEBRUAR

♥ ***Liebe*** Sie werden zufrieden sein, egal, ob Sie sich dem Fasching widmen oder lieber mit Ihrem Partner ganz intim und privat feiern. In der zweiten Hälfte des Monats unbedingt achtsam miteinander umgehen: Es liegt Streit in der Luft. Und es gibt noch eine Warnung: Achten Sie auf Ihr Geld, gehen Sie sparsam damit um, und keine Anschaffungen!

Erfolg Gehen Sie davon aus, dass es eher unbequem wird. Auch damit müssen Sie rechnen, dass etwas, was nach Ihrer Meinung bereits in trockenen Tüchern ist, sich hinzieht. Jetzt brauchen Sie ruhig Blut. Jetzt brauchen Sie ruhig Blut und stürzen sich auf keinen Fall zu irgendetwas überreden lassen, was nicht hundertprozentig sicher ist.

Gut für Eine neue Liebe

☹ ***Schlecht für*** Einsamkeit

✦ ***Die besten Sternepartner*** Skorpion, Fische, Steinbock

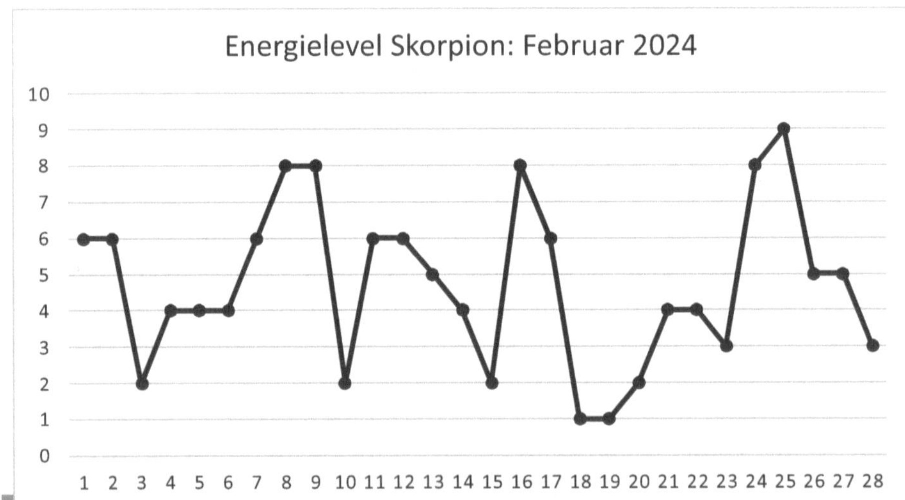

MÄRZ

Liebe Mars, und Venus verbinden sich in der ersten Monatshälfte und verhelfen Ihnen zu mehr Glück in der Liebe. Noch etwas ist wichtig: Sie sollten Ihren Körper fit halten, damit Sie bei Ihrem großen Glück auch mithalten können und nicht schlapp machen.

Erfolg In punkto Erfolges greifen Ihnen Sterne unter die Arme. Sie haben im März einen Ihrer stärksten Auftritte, das meiste Durchhaltevermögen und die smarteste Idee. Treten Sie aber am 20. März wieder ganz fest auf die Bremse: Wer jetzt weiter düst, landet im Aus. Das bedeutet jetzt auch nicht, sich in den Vordergrund zu spielen. Sie sind ein Skorpion, der genau weiß, wann seine Zeit ist. Treten Sie ab 20. März wieder ganz fest auf die Bremse: Wer jetzt weiter düst, landet im Aus.

Gut für Mehr Einfluss.

Schlecht für Beziehungen, in denen nichts los ist.

Die besten Sternepartner Wassermann, Steinbock, Fische, Skorpion

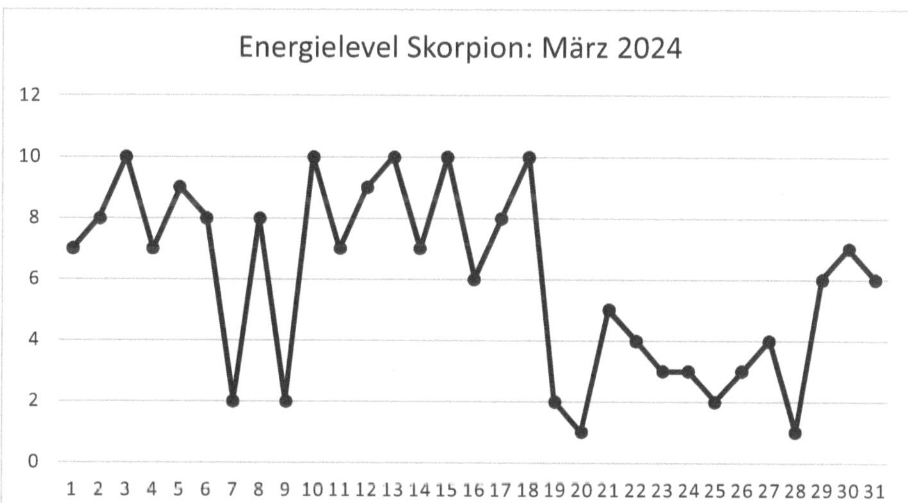

Ihre ganz persönlichen Sterne im

APRIL

♥ ***Liebe*** Planet Mars weckt Ihre Lust und Sinnlichkeit. Leider spielt Venus nicht mit. Das kann im Einzelfall auch mal zu einem dicken Streit im Partnerleben führen. Ein weiteres Problem, mit dem Sie in diesem Monat zu tun haben können, ist Eifersucht. Aber da sollten Sie sich selbst zurückhalten. Eifersucht ist im April Für Sie kein Thema.

🏆 ***Erfolg*** Sie haben gute, um dich zu sagen, großartige Möglichkeiten, müssen sich aber auch anstrengen. Geschenkt bekommen in den ersten 20 Tage des Monats April nichts. Aber bei entsprechender Mühe versprechen die Sterne auch gute Belohnung. Zum Ende des Monats wird auch mehr Geld in Aussicht gestellt.

👍 ***Gut für*** Sich nach einer neuen Arbeit umschauen.

☹ ***Schlecht für*** Sich aus einer schlechten Berufssituation nicht befreien.

✨ ***Die besten Sternepartner*** Steinbock, Jungfrau, Stier

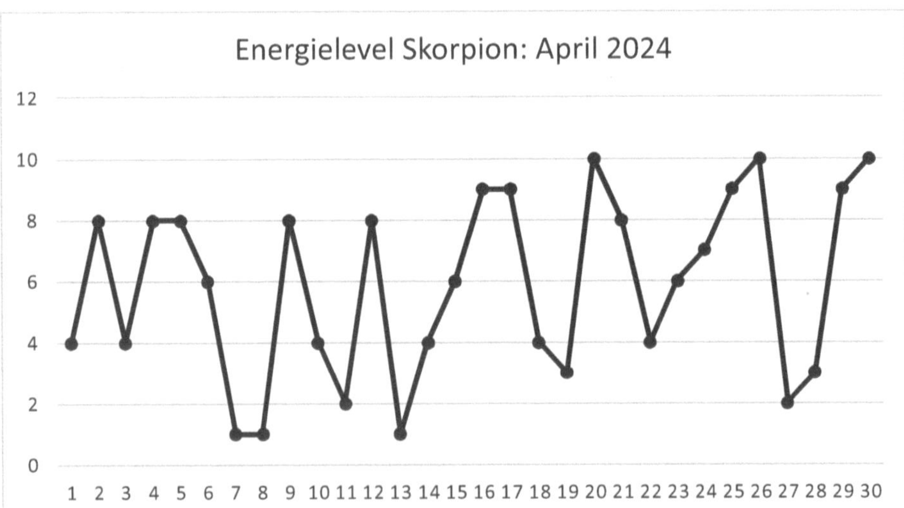

MAI

♥ ***Liebe*** In der ersten Hälfte des Monats Mai stehen Jupiter und Venus Ihrem Sternzeichen gegenüber und öffnen ein Fenster ins Land der Liebe. Dass es dann doch nicht zum Höhepunkt kommt, liegt am Mars und seiner Ungeduld.

Erfolg Uranus bezieht im Mai eine tolle Position und öffnet für Sie ganz neue Möglichkeiten: Ein neuer Beruf? Endlich, die richtige Wohnung? Alles ist möglich. Sogar zu mehr Geld ist er bereit. Was Sie dafür tun können lautet: Verbinden Sie sich im Geist mit diesem Uranus. Machen Sie ihn zu Ihrem Freund. Begrüßen Sie ihn jeden morgen, heißen Sie ihn willkommen, machen Sie ihn zu ihrem Freund!

Gut für Abwarten und nichts Neues beginnen

☹ ***Schlecht für*** Eine neue Liebe

✨ ***Die besten Sternepartner*** Jungfrau, Steinbock, Fische

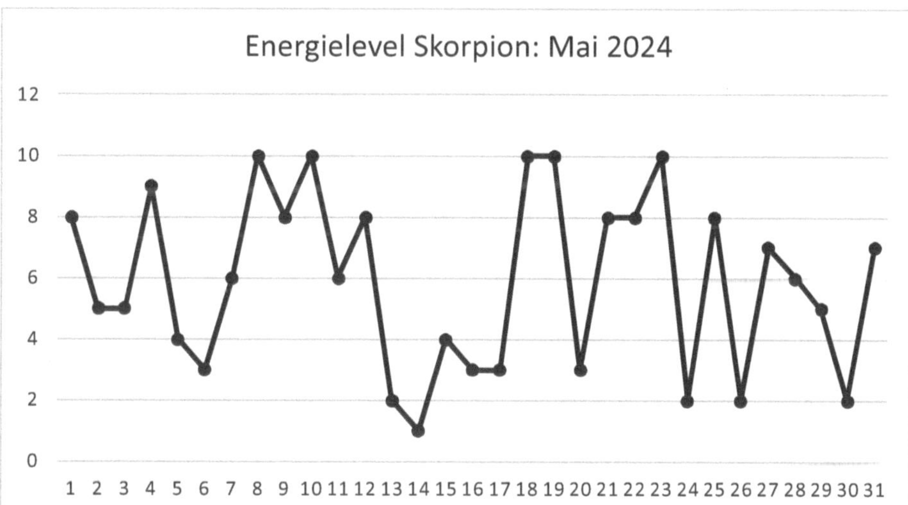

JUNI

♥ ***Liebe*** In der ersten Juniwoche kommt es vielleicht zu der einen oder anderen Eintrübung Ihrer Liebesaussichten. Aber dann zieht Mars in Ihrem Gegenzeichen Stier ein. Wenn Sie es noch toller haben möchten, dann warten Sie bis zum 18. des Monats. Da nimmt Sie Venus an der Hand und führt Sie direkt ins Land der Liebe.

Erfolg Uranus steht Ihrem Sternzeichen gegenüber. Aber er wird von Saturn überwacht. D.h., dass er seine Veränderungen nur sparsam einbringen kann. Gespannt dürfen Sie auf sie auf die vierte Woche des Monats sein. Da stellt man Sie vor eine Aufgabe, bei der andere aufgeben. Aber Sie wachsen über sich selbst hinaus und schaffen ein positives Resultat. Toll!

Gut für Sich ein Ziel setzen und dranbleiben bis es erfüllt ist.

☹ ***Schlecht für*** Resignation

Die besten Sternepartner Steinbock, Krebs, Stier

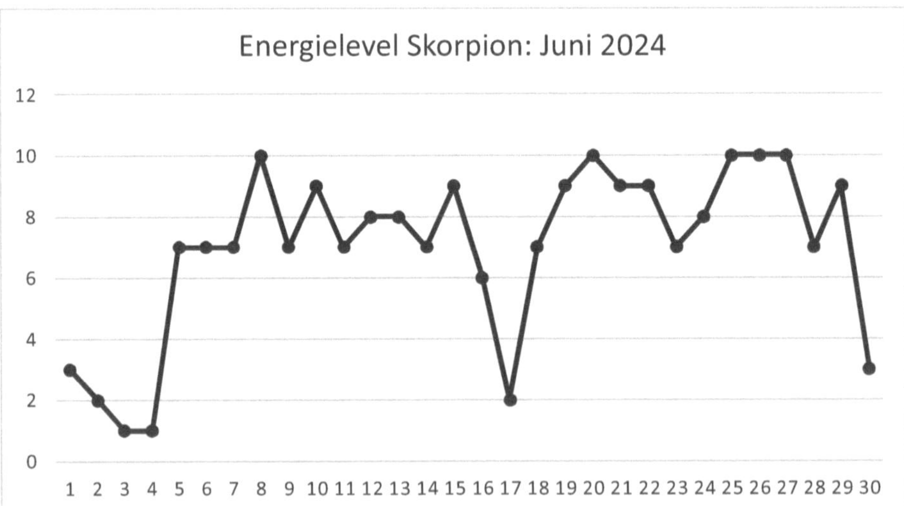

JULI

Liebe Leidenschaft und Sex- stehen in der ersten Woche in Ihrem Astrogramm. Es kann auch gut sein, dass Sie sich festbinden. Nicht wenige von Ihnen werden heiraten und eine Familie gründen. Wenn Sie schon in einer Beziehung sind, kommen Sie ebenfalls voll in den Genuss der tollen Sterne und werden feststellen: die Liebe ist und bleibt die schönste und größte Kraft des Lebens.

Erfolg Saturn bezieht eine ausgesprochen wichtige Position. Das bedeutet, dass Sie mehr aus sich herauskommen und wieder einmal zeigen können, was in Ihnen steckt. Für Ihren Job heißt das, dass Sie die Hand heben, wenn Extraarbeiten, neue Aufgaben oder sonst etwas vergeben werden. Selbst wenn im Moment nichts zurückkommt, werden Sie Ihren verdienten Lohn erhalten.

Gut für Freundschaften festigen und neue Freundschaften schließen.

Schlecht für Einfach nebeneinander erleben

Die besten Sternepartner Krebs, Fische, Skorpion

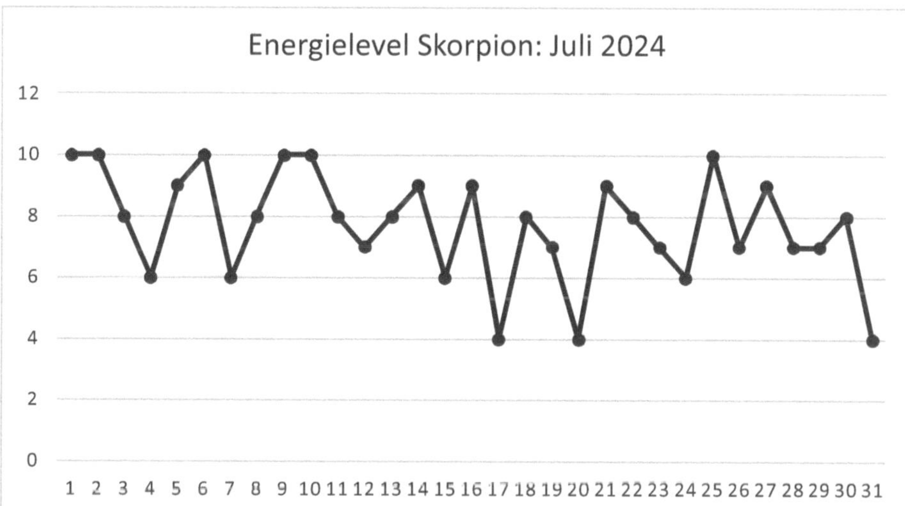

AUGUST

♥ ***Liebe*** Wenn Sie bereits in einer Beziehung leben, spüren Sie eine neue Lust, sich das Leben zu zweit schöner zu machen, die Tage zu genießen. Vorbei die Zeit der hohen Erwartungen und Anschuldigungen, wenn etwas anders lief, als Sie das planten. Auch Singles zehren von den kosmischen Energien, schrauben die Ansprüche an den anderen herunter und lassen sich völlig unvoreingenommen auf das Experiment Liebe ein.

🏆 ***Erfolg*** Neptun im Tierkreiszeichen Fische macht Sie nicht größenwahnsinnig, wenn er Ihnen den Wunsch ins Hirn setzen, dass noch viel mehr in Ihrem beruflichen Leben zu erreichen ist. Beste Zeit für entsprechende Ambitionen: rund um den Vollmond am 19. und an den anschließenden Tagen im August.

👍 ***Gut für*** Vorwärtskommen, Geld verdienen

☹ ***Schlecht für*** Auf bessere Möglichkeiten warten

✨ ***Die besten Sternepartner*** Steinbock, Jungfrau, Stier

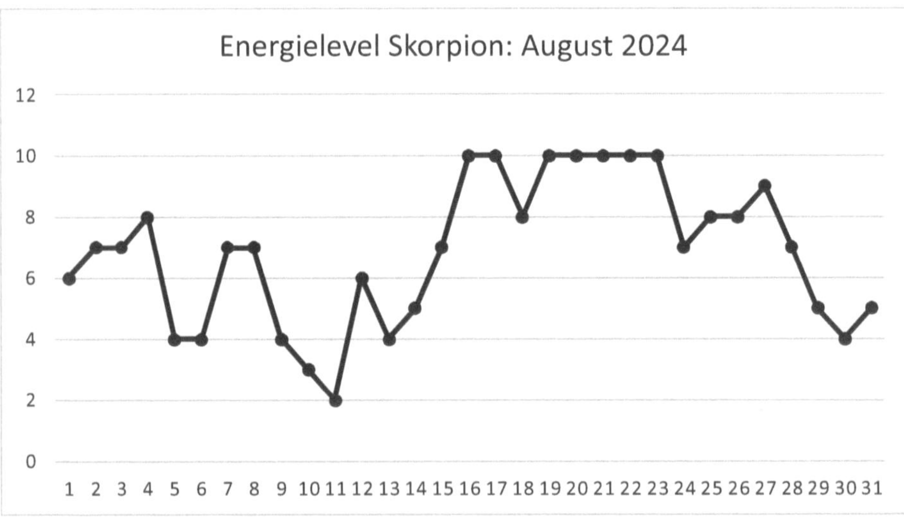

SEPTEMBER

Liebe Sie können gar nicht anders als „total" lieben, voller Hingabe und Intensität. Ob Sie auch immer das gleiche zurückbekommen? Meistens nicht – wenigstens bisher. Doch im September sorgt Saturn für einen Ausgleich. Er verändert scheibchenweise Ihre Einstellung zu Partnerschaften. Sie denken mehr an sich und trotzdem an den Partner. Singles zehren ebenso von dieser Wandlung. Sie lassen sich endlich unbefangen auf eine Bindung ein. Es kommen unbeschwerte Zeiten auf Sie zu.

Erfolg Man schätzt Sie, und das baut auf! Sie werden aber auch gebraucht: Im September können Sie groß herauskommen, Erfolg haben, aufsteigen, Geld machen, ja sogar Ruhm ernten, aber Sie müssen auch an sich glauben. Trauen Sie sich mehr zu und drängeln Sie sich nicht selbst immer in den Hintergrund!

Gut für Sich um Ihre Gesundheit kümmern

Schlecht für Einfach alles laufen lassen

Die besten Sternepartner Jungfrau

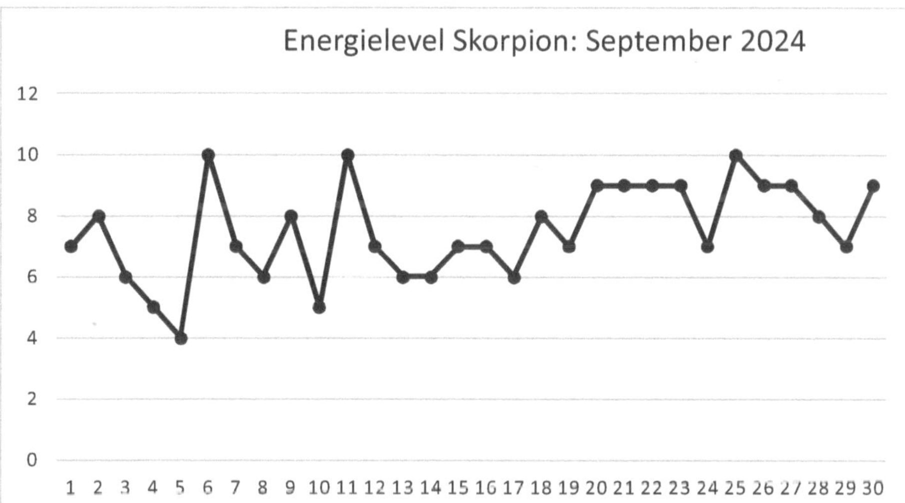

Ihre ganz persönlichen Sterne im

OKTOBER

♥ ***Liebe*** Venus steht in Ihrem Sternzeichen und Mars im Krebs. Das verheißt Tage (und Nächte) mit Lust und Liebe, spannender Zweisamkeit, Flirts und sogar Chancen auf eine lebenslange Partnerschaft. Es kommen sogar noch zusätzliche Hinweise aus dem Himmel: Sind Sie eine Frau, dann sollen Sie sich ruhig ein bisschen verstecken und sogar so tun, als wären Sie an Liebe gar nicht interessiert. Männer hingegen bekommen die Aufforderung, sich ganz offen zur Liebe zu bekennen.

Erfolg Starke Sterne für die Freiberufler: Es bestehen Chancen für neue Kontakte, neue Märkte und neuen partnerschaftlichen Schulterschluss. Grundsätzlich seien Sie im Oktober vorsichtig, und verschieben Sie wichtige Entscheidungen!

Gut für Die Zeit nehmen, wie sie ist.

☹ ***Schlecht für*** Misstrauisch sein

✨ ***Die besten Sternepartner*** Stier, Jungfrau, Fische

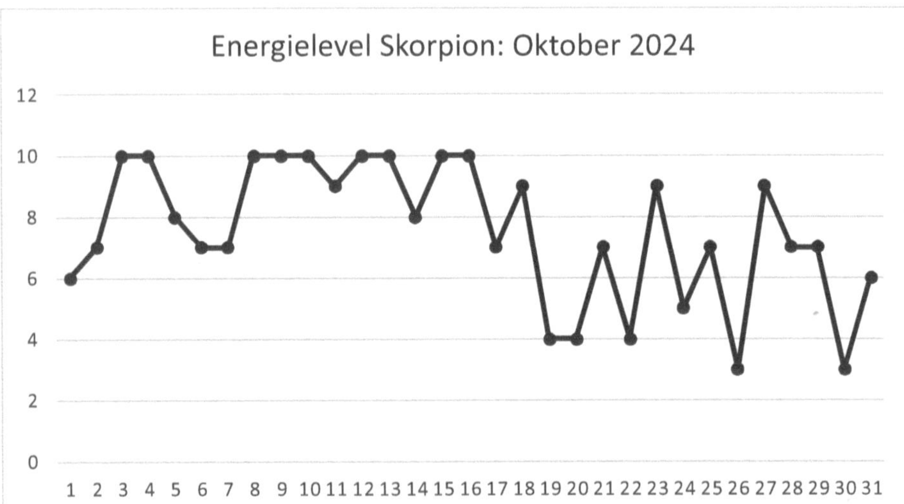

NOVEMBER

Liebe Gäbe es die Liebe nicht, wäre der Monatsanfang echt zum Davonlaufen. Aber die Sterne trösten Sie, und Sie lachen viel, flirten, schäkern, lieben. Dann, in der zweiten Monatshälfte, bezieht Planet Venus eine gute Position im Tierkreiszeichen Steinbock. Das hilft Ihnen auch, um eventuelle Probleme aus der Welt zu schaffen.

Erfolg Die positiven Einflüsse überwiegen im November. Aber es gibt auch Probleme. Gleich zu Anfang des Monats, rund um den Neumond, serviert man Ihnen eine schwierige Aufgabe. Geben Sie Ihr Bestes! Aber: Don' t worry! Selbstvorwürfe sind wirklich überflüssig; Sie haben es sich nicht anzukreiden, wenn es schiefgeht!

Gut für positive Erfahrungen in der Liebe

Schlecht für Einfach so weitermachen wie bisher

Die besten Sternepartner Fische, Wassermann, Schütze

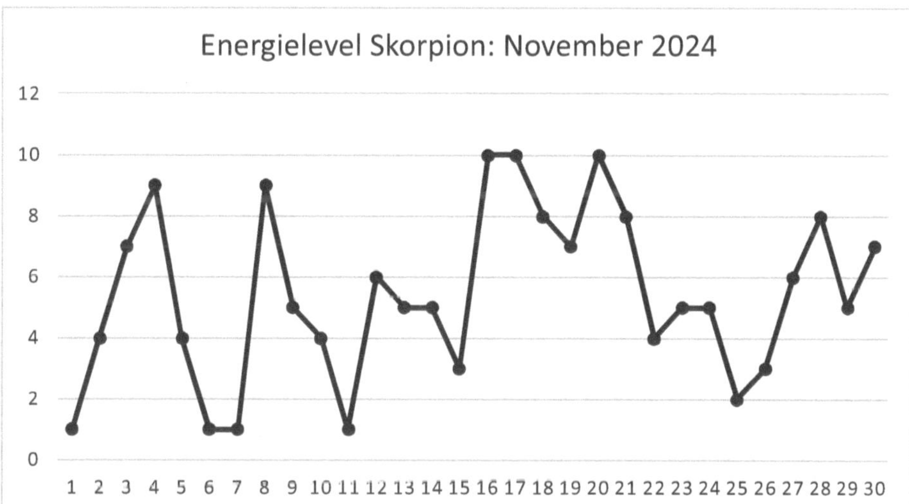

Ihre ganz persönlichen Sterne im

DEZEMBER

♥ ***Liebe*** Der Liebesstern Venus lacht Sie die kommenden vier Wochen lang an. Klar, dass Sie von aufregenden Begegnungen, Liebe und Erotik träumen. Aber auch Ihr ganz reales Leben gerät unter den Bann dieses Sternes. Andere sind an Ihnen interessiert, und unter Umständen begegnen Sie jemandem, der Ihnen und der Sie ebenfalls mag.

Erfolg Im Beruf zähl Ihr Einsatz. Leider geht es auch nicht nach Ihrem Kopf; andere haben das Sagen und reden Ihnen drein. Erst in der letzten Dezemberwoche bekommen Sie wieder das befreiende Gefühl, dass Sie Ihr Leben selbst bestimmen. Zur Bestätigung haben Sie auch ein tolles Erfolgserlebnis. Sogar mehr Geld ist möglich.

Gut für Freundschaften

☹ ***Schlecht für*** Belanglos und Nebensächliches

✨ ***Die besten Sternepartner*** Krebs, Steinbock, Skorpion, Fische

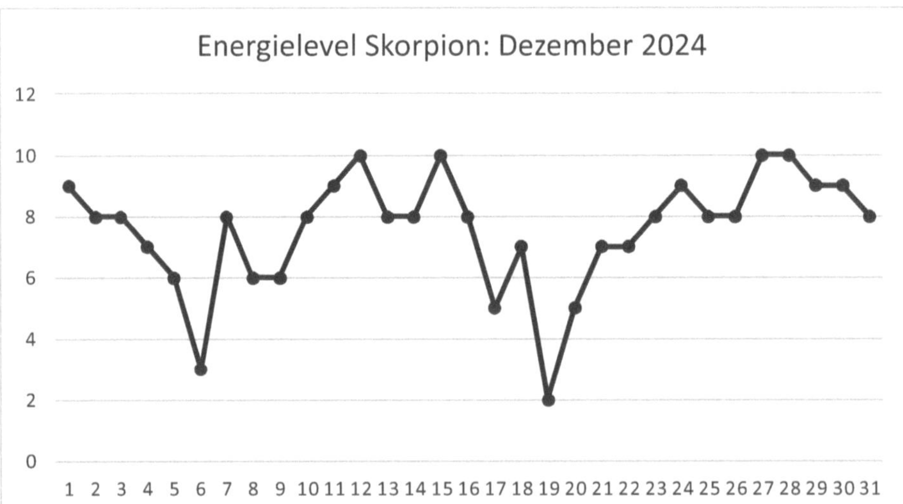

SCHÜTZE

(23. November bis 21. Dezember)

Das Jahr 2024 wird von der Sonne regiert. Das ist schon ein großer Vorteil, denn zwischen Ihrem Sternzeichen und der Sonne bestehen große Ähnlichkeiten. Das mag Sie jetzt verwundern, denn die Sonne gehört zum Sommer, aber Sie sind ein Winterzeichen. Aber das ist nur eine Seite. Ähnlichkeit besteht darin, dass Sie beide „strahlen ", die Sonne nach außen, Sie nach Innen. Ihr Wärme entsteht durch Sinngebung. Ein weiteres riesengroßes Plus ist, dass Jupiter ab 25. Mai Ihrem Sternzeichen genau gegenüber steht. Er ist Ihr persönlicher Herrscherplanet, und damit ergänzt sich, was zuvor gesagt wurde, nämlich, dass Sie Wärme verbreiten, denn nichts erfüllt uns Menschen so stark, wie Glück. Eine weitere Verstärkung bekommen Sie vom Pluto. Dieser Planet spielte für Sie in den letzten 15 Jahren keine wichtige Rolle. Aber jetzt ist er im Sternzeichen Wassermann und bildet damit ein Sextil zu Ihrem Sternzeichen. Jetzt empfangen Sie seine besondere Kraft. Sie besteht darin, das Leben aus höherer Warte zu verstehen, also immer das Übergeordnete und Ganze. Dieser Planet ist Ihrem Jupiter auch insofern sehr ähnlich, weil unmittelbare Vorteile für ihn nicht zählen. Mit diesem Pluto im Wassermann werden Sie zum Visionär. Sie spüren zutiefst, was die Welt braucht, was ihr fehlt, und werden im Kleinen wie im Großen dafür sorgen, dass es sich erfüllt. Alles zusammen genommen ist es für Sie, einen Schützen so, als würden Sie in einem Triumphwagen sitzen und von Pferden dort hingezogen werden, wo unsere Welt Glück nötig hat. Dag verschafft Ihnen große Möglichkeiten, sich zu verwirklichen und selbst glücklich und zufrieden zu sein.

LIEBE

Natürlich sorgen Ihre Sterne in der Liebe für ein tolles Jahr. Die Astrologie behauptet, dass die Regentschaft der Sonne dazu führt, dass Sie selbst mehr strahlen, freundlicher und fröhlicher sind und, das ist etwas ganz besonderes, andere Menschen regelrecht in Ihren Bann ziehen. Ein besonders magisches Zeitfenster öffnet sich zum Frühlingsbeginn am 21. März 2024. Die Sonne kommt Ihnen jetzt jeden Tag näher, und mit Jupiter, besitzen Sie ab 25. Mai fast schon so etwas wie eine Garantie: Sieb-egegnen dem, beziehungsweise der „göttlichen" Geliebten, der/die alles hat, wovon Sie träumen. Sind sie bereits in einer festen Partnerschaft, entdecken Sie wieder, wie vollendet diese Liebe ist. Was Sie wissen müssen, ist, dass Pluto auch bei dem Thema Liebe mitmischt. Das sieht zum Beispiel so aus, dass Sie Unzulänglichkeiten in Ihrer eigenen Beziehung nicht mehr hinnehmen wollen. Sie werden versuchen, es durch Gespräche zu ändern, aber Sie sind auch bereit, den letzten Schritt zu vollziehen und sich trennen. Wenn Jupiter in der zweiten Hälfte des Jahres Ihrem Sternzeichen genau gegenübersteht, haben Sie auch überhaupt kein Problem, einen neuen Partner zu finden, einen der Ihren Vorstellungen einer Liebe mehr entspricht. Mit Menschen, die Sie interessieren, auch wenn Sie noch in einer festen Beziehung stecken, müssen Sie ab Juli 2024 auf jeden Fall rechnen. Dann hängt es ganz von Ihnen ab, was passiert.

Sonne und Jupiter 2024:
Strahlendes Glück im Triumphwagen

KARRIERE

Glaubwürdigkeit, Kompetenz und Charisma sind die Eigenschaften, mit denen Sie im Sonnenjahr großen Eindruck machen und entsprechende Erfolge verbuchen. In den ersten vier Monaten benötigen Sie zuweilen auch ein kritisches Auge. Sie sind zu vertrauensselig und blauäugig. Deshalb entscheiden Sie nichts ohne eingehende Prüfung und konsultieren Sie bei wichtigen Verträgen stets einen Experten. Ab 25. Mai können Sie mit Jupiter rechnen. Sie werden genau, zuverlässig und machen tollen

Eindruck. Kommen wir zu Pluto. Dieser Himmelskörper befand sich die letzten fünfzehn Jahre neben Ihrem Sternzeichen im Steinbock. Er verdunkelte Ihre Sicht in den Himmel. Jetzt ist er ein Zeichen weitergewandert und öffnet ein Fenster in die Unendlichkeit. Das tut Ihnen gut, verleiht Ihnen Optimismus und den Glauben an Sicherheit und Frieden. Ihr persönliches Leben profitiert davon. Es ist ganz bestimmt auch so, dass dieser Pluto Ihnen die Kraft schenkt, Ihre Visionen von einer besseren Welt zu leben und zu verbreiten.

CHARAKTER	Jovial, hilfreich, wohlwollend
PERSÖNLICHES AUFTRETEN	Entspannt, gelassen, mitreißend
FÜHLEN	Schwärmerisch
STEIN	Lapislazuli
TIER	Pferd
PFLANZE	Pinie
BESTER TAG	Donnerstag

JANUAR

♥ ***Liebe*** Mit Mars in im Tierkreiszeichen Steinbock fühlen Sie sich bestens. Vor allem dann, wenn Sie von den Beziehungskrisen in Ihrem Umfeld hören. Kommt es zu einer Partnerschaft? Fein! Wenn nicht: Inschallah! Planet Venus macht Sie stark in Ihrer Partnerschaft. Sie achten auf sich, behandeln sich gut und definieren Ihr Glück nicht mehr ausschließlich über Harmonie.

🏆 ***Erfolg*** Sie präsentieren sich im Januar insgesamt mutiger und direkter. Davon profitieren vor allem jene, die sich bewerben, umsatteln oder selbständig machen wollen. Die Gestirne nehmen sich aber auch jener an, die seit vielen Jahren einem Unternehmen treu verbunden sind. Auch Sie erhalten einen Kick und können plötzlich etwas an Ihrem Arbeitsplatz verbessern, ändern, anregen. Man hört auf Sie, setzt Ihre Ideen um.

👍 ***Gut für*** Selbstdisziplin, Selbstbeherrschung

☹ ***Schlecht für*** Überheblichkeit, Selbstgefälligkeit

✨ ***Die besten Sternepartner*** Wassermann, Löwe

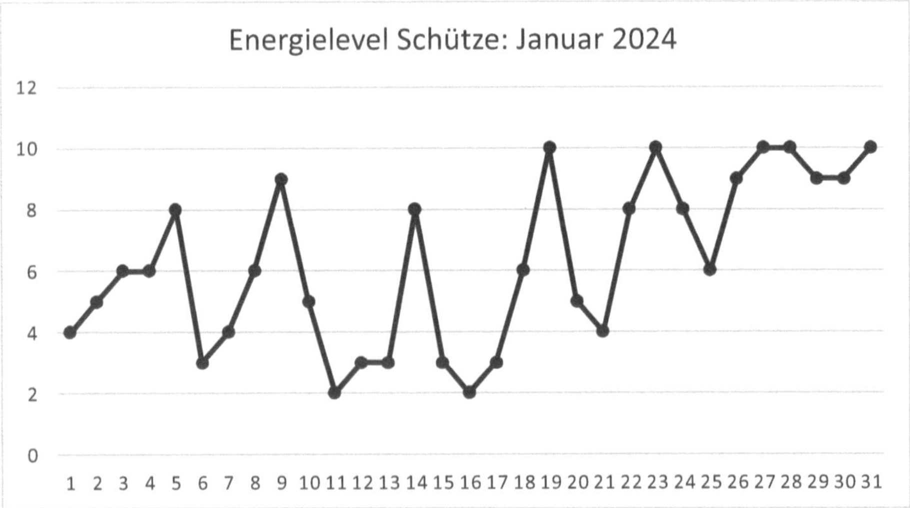

Ihre ganz persönlichen Sterne im

FEBRUAR

Jetzt befindet sich Pluto im Sternzeichen Wassermann, wo er beinahe 20 Jahre bleibt. Da ist es bestimmt nicht falsch, sich jetzt schon darauf einzustellen: Pluto verlangt Veränderung. Es heißt, Gewohnheiten loszulassen, um dadurch Neuem, Besserem Platz zu machen.

Liebe Herzlichen Glückwunsch! Mars und Venus umarmen sich ab der Monatsmitte. Das ist als Vorgabe gedacht. Mit anderen Worten machen Sie das gleiche mit Ihrem Partner, nehmen Sie sich Zeit für die Liebe!

Erfolg Die zweite Monatshälfte ist eindeutig besser als die erste. Da können Sie sogar mit einem Gewinn rechnen. Wichtige Vereinbarungen allerdings möglichst nicht in der zweiten Monatshälfte treffen.

Gut für Positives Lebensgefühl

Schlecht für Beziehungen, die ohnehin nicht wirklich stimmen

Die besten Sternepartner Löwe, Jungfrau und Steinbock

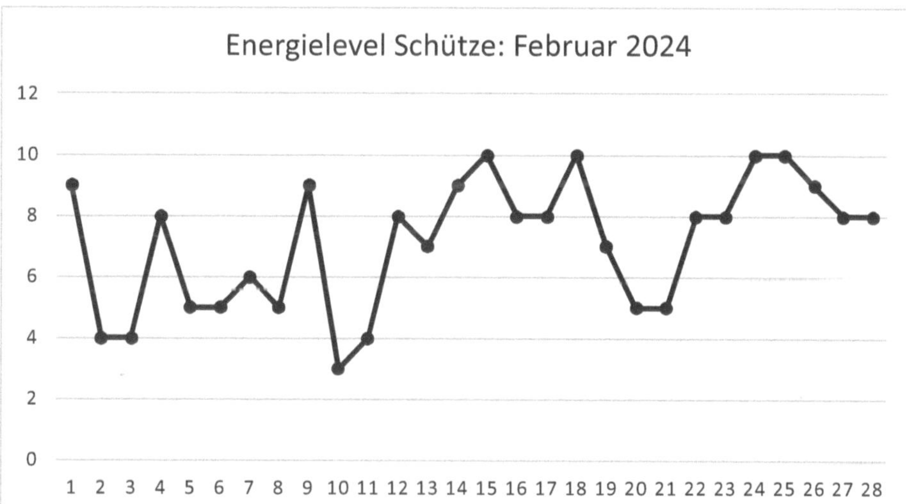

MÄRZ

♥ ***Liebe*** Für Sie beginnt der Frühling heuer schon am 1. März. Mars und Venus befinden sich im Sternzeichen Wassermann. Saturn wiederum kümmert sich darum, dass Ihnen genau die Menschen begegnen, die zu Ihnen passen. Leben Sie bereits in einer Beziehung, werden Sie diesen speziellen Frühlingsanfang lange nicht mehr vergessen.

🏆 ***Erfolg*** Der März bietet Ihnen gute Chancen. Sicher, die fallen nicht einfach so vom Himmel. Sie brauchen Ihre ganze Kraft. Aber schließlich sind Sie ein Schütze, der dann richtig stark wird, wenn er gefordert wird. Das ist jetzt der Fall. Legen Sie los! Geben Sie Ihr Bestes! Es sieht ganz so aus, dass Sie ein tolles Erfolgserlebnis genießen dürfen, hat unter Umständen auch mit mehr Geld zu tun.

👍 ***Gut für*** Mut

☹ ***Schlecht für*** Nichts unternehmen, um das Glück zu finden

✨ ***Die besten Sternepartner*** Wassermann

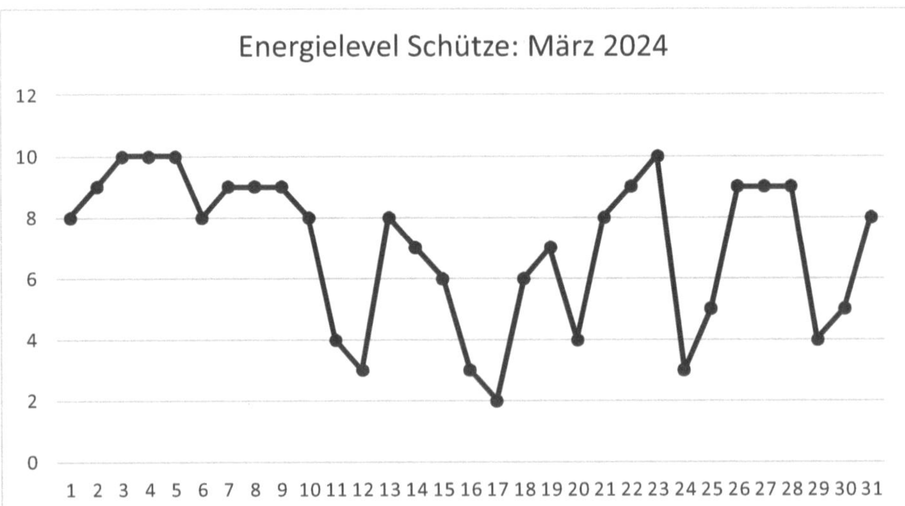

Ihre ganz persönlichen Sterne im

APRIL

♥ Liebe Es geht Ihnen gut im April. Aber unsere Welt besteht nicht nur aus Menschen, die großzügig sind. Jeder denkt doch nur an sich selbst, und wenn Sie daherkommen und zeigen, wie gut es Ihnen geht, packt die andere Eifersucht. Also halten Sie sich bedeckt und, noch wichtiger, verteilen Sie Ihr Glück.

🏆 ***Erfolg*** Sie haben im April gute Sterne und können viel erreichen. Die Sterne sind aber auch der Meinung, dass Sie jetzt nicht nur an sich selber denken dürfen, sondern an die Welt als ganzes. Sie haben etwas zu geben, und darauf kommt es jetzt an. Sie können es schaffen. Was Sie auch noch wissen müssen, ist, dass rund um den 20. des Monats eine Zeit für Sie ist., wo Sie etwas wichtiges erfahren.

👍 ***Gut für*** Erfolg, das Leben genießen

☹ ***Schlecht für*** Unzufriedenheit

✨ ***Die besten Sternepartner*** Wassermann, Zwillinge

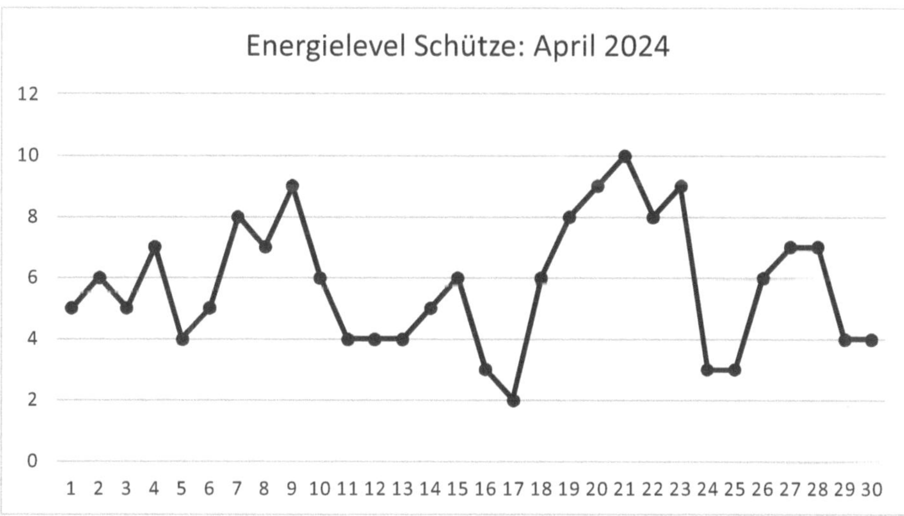

MAI

♥ ***Liebe*** Planet Mars tut Ihnen gut. Er befindet sich im Widder, einem Feuerzeichen wie dem Ihrigen, Schütze. Gehen Sie daher davon aus, dass Sie einen optimalen Begleiter haben, einen Geist, der Ihnen zur Seite steht. Ende Mai erhalten Sie auch die Bestätigung. Es gelingt Ihnen etwas, woran Sie selbst nicht mehr geglaubt haben. Sie erleben ein tolles Erlebnis in der Liebe.

Erfolg Jupiter betritt in Bälde ein neues Zeichen, nämlich Zwillinge. Dann befindet er sich Ihrem Sternzeichen genau gegenüber. Das ermöglicht Ihnen, etwas zu erschaffen, worauf Sie, Ihre Familie und alle, die Sie kennen, stolz sein werden. Machen Sie sich jetzt schon Gedanken, was Ihr Leben wirklich bereichern kann.

Gut für Allgemeines Vorwärtskommen

☹ ***Schlecht für*** Zu lange an einem Problem hängen bleiben

✨ ***Die besten Sternepartner*** Widder, Waage

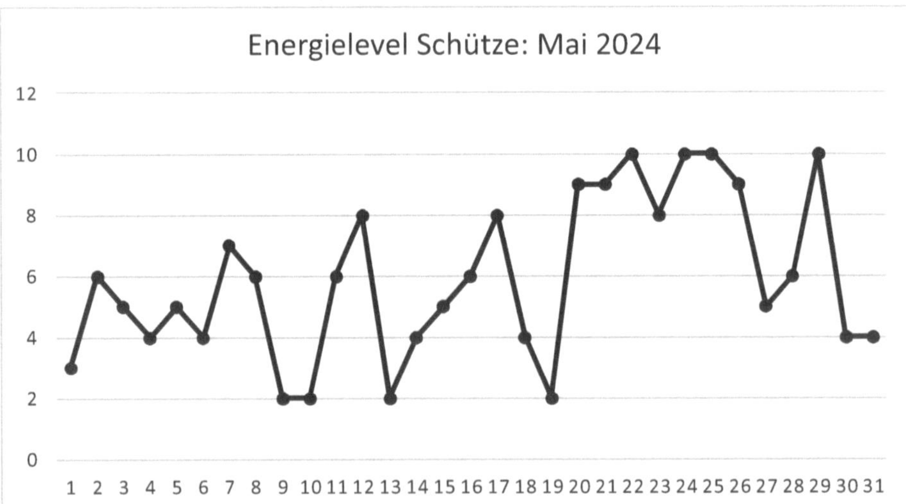

JUNI

Liebe Jupiter trägt den Beinamen Glücksplanet. Er hat sich gegenüber Ihrem Sternzeichen niedergelassen. Das macht Sie zu einem interessanten, liebevollen, großzügigen Partner. Leben Sie gerade allein, sollten Sie sehr offen sein, denn es ist gut möglich, dass Sie dem Menschen begegnet, der für Sie bestimmt ist. Man darf also im Lager der Schützen mit einem Anstieg von Partnerschaften und sogar Hochzeiten rechnen.

Erfolg Sie genießen im Juni eine stabile Höhenlage: Kein Stress, keine Hektik, kein Konkurrenzdruck. Alles spricht dafür, dass Sie neue Geldquellen entdecken und sie auch nutzen. Kein Gipfel ist Ihnen zu hoch, kein Problem zu kniffelig, keine Hürde zu unüberwindbar. Trotzdem tun Sie gut daran, wenn Sie sich auch nach Ihrem Gefühl richten. Vor allem im in der letzten Juniwoche sind Sie extrem sensibel.

Gut für Erfolge, Geld

Schlecht für Undankbarkeit

Die besten Sternepartner Schütze, Zwillinge, Widder

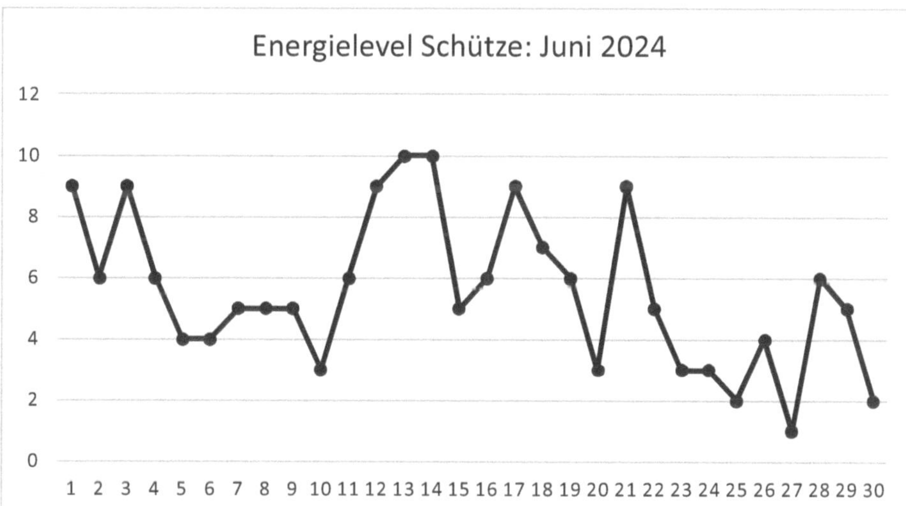

JULI

♥ ***Liebe*** Sie haben im Juli tolle Sterne. Die auch Ihrem Liebesleben zugutekommen. Jetzt begegnen Sie dem, bzw. der richtigen, einem Menschen, der nicht nur an Ihrem Körper interessiert ist, sondern auch an Ihrer Seele. Auf dieses Wesen warten Sie schon lange. Ihr jetziger Partner tritt ein bisschen in den Hintergrund. Aber das bedeutet nicht, dass Sie sich von ihm trennen.

Erfolg Die Sonne zieht bis zum 20. des Monats durch das Tierkreiszeichen Krebs. Darauf sollten Sie sich richtig einstellen, und das bedeutet, dass Sie nicht zu theoretisch also verkopft" sind. Sie machen zum Beispiel bessere Geschäfte, wenn Sie Ihre Gefühle zeigen oder sie wenigstens zur Kenntnis geben.

Gut für Natürlichkeit

☹ ***Schlecht für*** Nicht an sich selber glauben

Die besten Sternepartner Schütze, Zwillinge, Widder

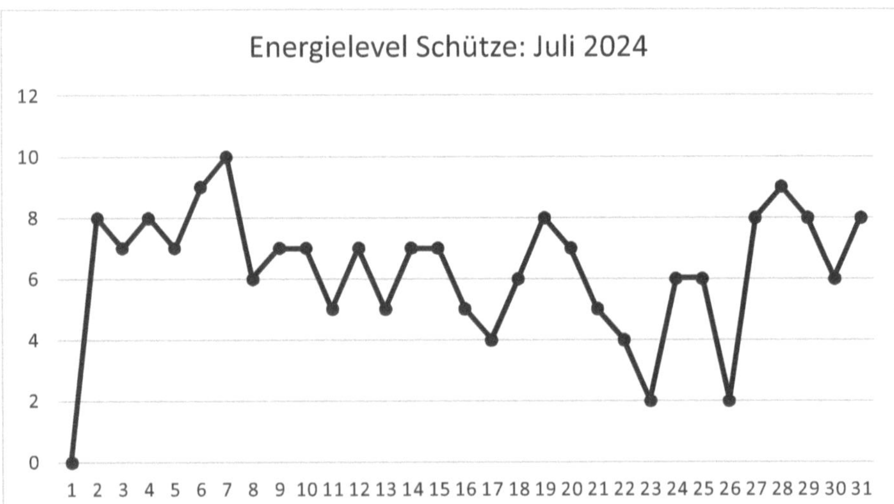

AUGUST

♥ ***Liebe*** Die Sonne als Regent des neuen Jahres weckt Ihre besten Seiten - und jetzt, im August ganz besonders: Zufriedenheit, Glück und Liebesfähigkeit. Sie lieben mit mehr Hingabe, weil Sie gar nicht anders können, fordern aber nichts zurück. Ehen blühen wieder auf, weil man Ihre Toleranz zu schätzen weiß. Auch die Singles lernen viel häufiger jemanden kennen, weil Sie nicht mehr Idealen hinterherjagen, sondern jedem eine Chance geben, der sich um Sie bemüht. Und das Tollste: Über die Sonne kommt mehr Lust. Das spüren Sie vor allem im Bett, sogar nach vielen, vielen Ehejahren.

🏆 ***Erfolg*** Mit Mars und Jupiter Ihrem Sternzeichen gegenüber werden Sie im August blühen, wachsen und sich entfalten. Ihre Talente greifen. Außerdem profitieren Sie von Ihrem Netzwerk, das Sie geschaffen haben. Es kommen Menschen auf Sie zu, die maßgeschneiderte Angebote in der Tasche haben.

👍 ***Gut für*** Liebe und Zärtlichkeit

☹ ***Schlecht für*** Konkurrenz, Rivalität

✨ ***Die besten Sternepartner*** Löwe Zwillinge

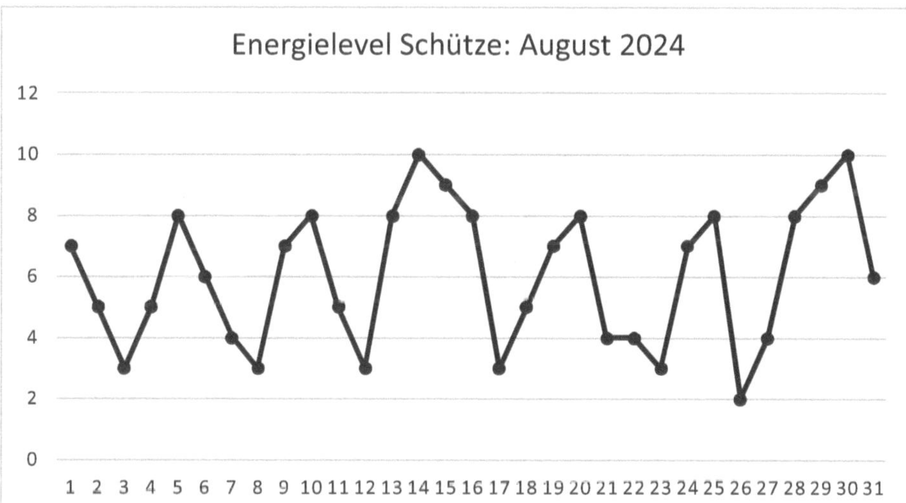

Ihre ganz persönlichen Sterne im

SEPTEMBER

♥ ***Liebe*** Sie verdanken es dem Planeten Jupiter, dass Sie im September von sich überzeugt sind: Warum eifersüchtig sein? Es gibt sowieso niemanden, der besser ist als Sie, also gibt es auch keinen Grund Sie zu betrügen. Singles spielen mit ihren Reizen, verdrehen anderen die Köpfe, legen sich aber nicht fest. Soll der andere doch zappeln!

Erfolg Kein Ziel zu hoch und kein Wunsch zu unrealistisch: Ihr Astrokalender verrät blendende Zeiten mit phantastischen Voraussetzungen, Überdurchschnittliches zu erreichen. Schade, Rund um den Neumond - er findet am 3. September statt - geraten Sie ins Grübeln. Die richtige Therapie? Alles, was ablenkt von trüben Gedanken! Es gibt keinen wirklichen Grund zur Sorge. Zum Monatsende sind Sie ziemlich intolerant.

Gut für Zufriedenheit

☹ ***Schlecht für*** Streit und Auseinandersetzungen

✨ ***Die besten Sternepartner*** Löwe, Zwillinge

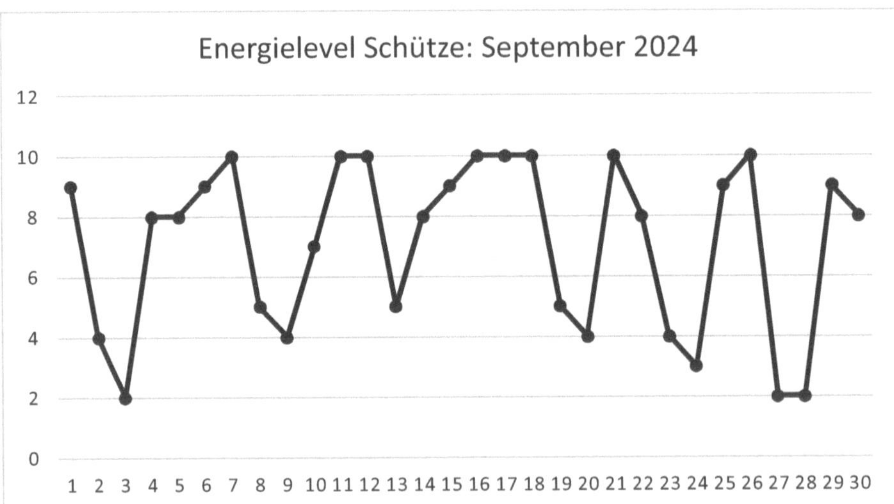

Ihre ganz persönlichen Sterne im

OKTOBER

Liebe Sie sind gut beraten, wenn Sie im Oktober Ihren Kopf einsetzen und Ihren Gefühlen misstrauen. Keine Angst, es ist keine große Geschichte, aber wenn Sie das beachten, wird es leichter. Gegen Monatsende stimmt es auch wieder in der Liebe. Dazu könnte im Einzelfall auch gehören, dass Sie mit Ihrem Partner vor den Traualtar treten.

Erfolg Im Oktober wird es nichts mit lässigem Däumchen drehen. Ihre Karriere fordert alles. Halten Sie mit, dann können Sie zum Schluss lachen! Einen Hinweis gibt es extra: Die Sterne weisen darauf hin, dass Sie sich im Oktober nicht bedingungslos auf Freunde verlassen können. Also bitte keine Absprachen, die nicht hundertprozentig sicher sind!

Gut für Schwung, Power, sich durchsetzen und gewinnen

Schlecht für Maßlos werden

Die besten Sternepartner Widder, Schütze, Löwe

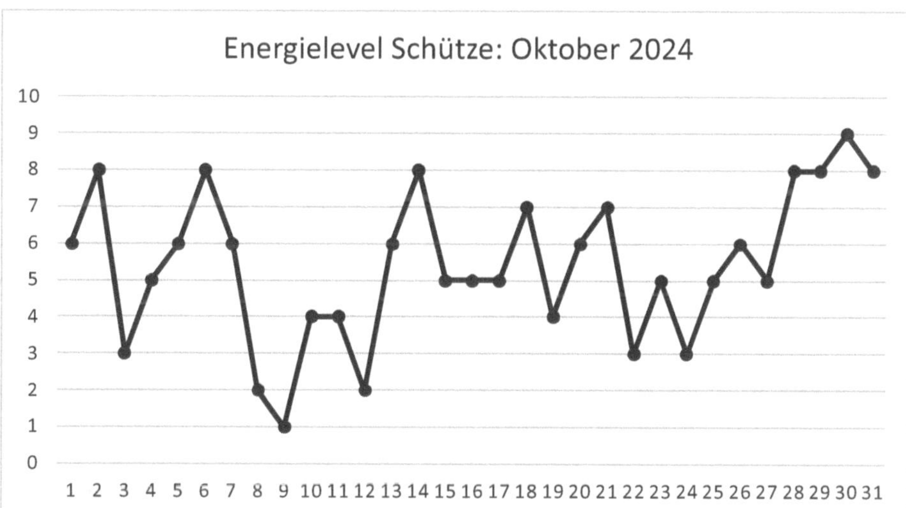

NOVEMBER

♥ ***Liebe*** Die Liebe ist schön und geht ans Herz. Nur um den Neumond am 1. November kommt vielleicht Weltschmerz auf. Aber ab dem 10. des Monats sind Sie dank eines starken Planeten Mars beinahe im Liebeshimmel. Sie glauben das allerdings zunächst selbst nicht, denn es taucht eine Schwierigkeit auf. Aber spätestens ab dem 10.des Monats können Sie ganz sicher sein.

🏆 ***Erfolg*** Die schlechte Nachricht zuerst: Ihr Job wird anstrengend, denn Sie müssen im November taktieren, abwägen, hofieren, klein beigeben, und das ist nun mal ungewohnt für einen optimistisch denkenden Schützen. Obendrein vermissen Sie bis zum 10. des Monats Ihre Power, werden schnell müde und spüren den Neumond gleich am Anfang vom November. Die gute Nachricht lautet: nach dem 20. wird alles super.

👍 ***Gut für*** Langsam und konzentriert arbeiten. Nichts überstürzen

☹ ***Schlecht für*** Sich übernehmen

✨ ***Die besten Sternepartner*** Löwe, Waage

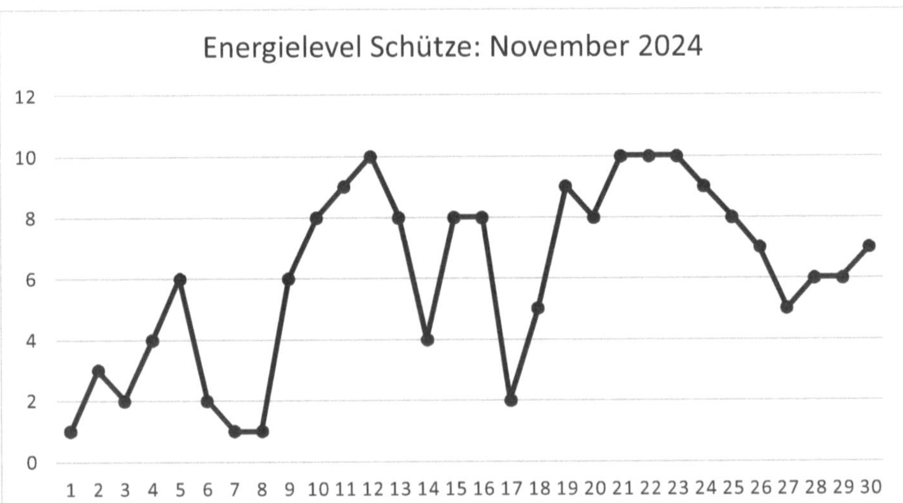

Ihre ganz persönlichen Sterne im

DEZEMBER

Liebe Die Sonne in Ihrem Sternzeichen zaubert Ihnen eine tolle Ausstrahlung an, und Sie finden jede Menge Zeit für Ihren Lover. Wenn Sie solo sind, könnte es in der zweiten Monatshälfte sogar zu einer herrlichen Begegnung kommen, die Sie noch in zwanzig Jahren feiern.

Erfolg Mit Ausnahme weniger Tage nimmt Sie Fortuna drei Wochen lang zur Brust. Sie sind in Hochform, zeigen sich gutgelaunt und machen eine fabelhafte Figur. Das sind auch fürs Business beste Voraussetzungen: Sie verfügen gerade über ein sagenhaftes Talent, sich gut zu verkaufen. Ab dem 20., also rechtzeitig zu Weihnachten, wird es ruhiger.

Gut für Glück, Erfolg, Geld

Schlecht für Missmut, schlechte Laune

Die besten Sternepartner Schütze, Waage, Wassermann, Zwillinge

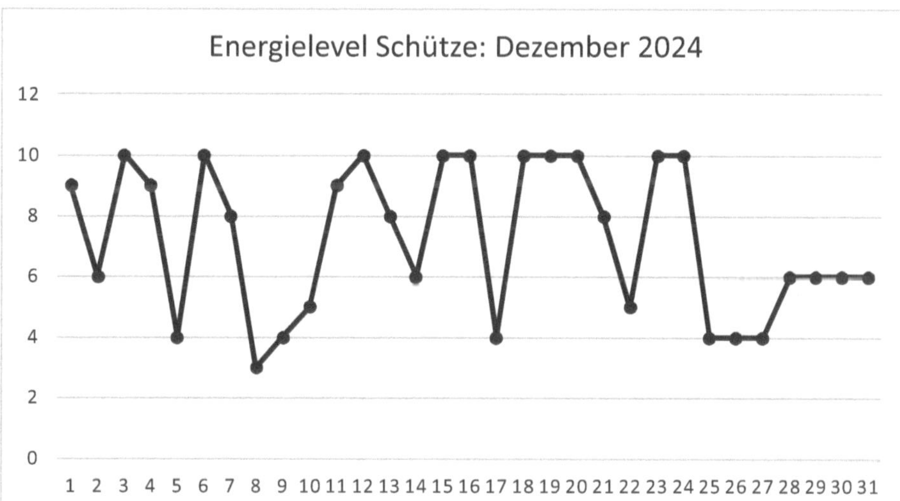

STEINBOCK

(22. Dezember bis 20. Januar)

Die Sonne ist der Regent des Jahres 2024. Unter Garantie werden Sie mehr Licht als Schatten erleben und glücklich der Leichtigkeit des Seins begegnen. Durch die Kraft der Sonne bekommt auch Ihr persönlicher Herrscherplanet Saturn ein viel positiveres Gesicht. Die letzten zweieinhalb Jahre zog er durch das Zeichen Wassermann. Das verursachte Veränderungen, kleine, die Sie oft gar nicht bemerkten und große, die Sie vielleicht noch heute beschäftigen. Auf jeden Fall fehlte Ihrem Leben das, was eigentlich als typisch für Ihr Sternzeichens gilt, nämlich Stabilität. Die kommenden zweieinhalb Jahre befindet sich Ihr Saturn im Tierkreiszeichen Fische. Das hat eine positive und eine negative Wirkung. Negativ ist dem Element Fische zuzuschreiben. Es ist Wasser, und wie tatsächliches Wasser geht, alles, was nicht schwimmen kann, unter, verliert sich. Was dagegen im Wasser zurechtkommt, gewinnt, wird besser, erfolgreicher und beständiger. Wassertaugliches Wirken haben mit menschlichen Fähigkeiten zu tun, wenn Gefühle eine Rolle spielen oder der zwischenmenschliche Kontakt wichtig ist. Für das Wasser hingegen ungeeignet sind Tätigkeiten, die auch von Maschinen und Computern ausgeführt werden können. Absolut wassertauglich ist metaphysisches Wirken. Dazu zählt auch, wenn Sie einem anderen Menschen helfen, einen Rat erteilen, damit sein Leben leichter wird. An erster Stelle allerdings stehen Meditation und die Beschäftigung mit metaphysischen Methoden wie Astrologie oder Tarot.

Eine besondere Wirkung geht auch davon aus, dass Pluto 2024 nicht mehr in Ihrem Sternzeichen, sondern ein Zeichen weiter im Wassermann steht. Auf allen Gebieten wird es damit leichter. Ihre Liebe wird schöner, Sie haben mehr Erfolg im Beruf, der Alltag macht Spaß und Ihr Leben verliert an Schwere.

LIEBE

Im Zwischenmenschlichen wird der Abgang von Pluto und Saturn noch deutlicher. Denn hier kommt zum Tragen, dass Sie Ihre Liebe selbst gestalten. Sie können 2024 eine Traumbeziehung leben und glücklich sein – Sie brauchen es sich nur genau und detailliert vorzustellen. Erinnern Sie sich immer wieder daran: Sie sind der Regisseur Ihres Lebens. Sind Sie gerade Single und sehnen sich nach einem Partner, gilt diese „Technik" ganz besonders: Je öfter Sie sich selber sagen, dass Sie ein wunderbarer Mensch sind, umso häufiger bekommen Sie auch von anderen eine Bestätigung. Dann geschieht das, was Sie sie nicht mehr für möglich hielten, und sie begegnen jemandem, der Sie wahnsinnig fasziniert und Sie verlieben sich ineinander. Alles spricht für einen sinnlichen Frühling, einen Traum-Sommer mit einem Traum-Partner.

Sonne strahlt, Glück umarmt -
Erfolg im Einklang

KARIERE

Dass Sie Planet Pluto verlässt, setzt einen Prozess in Gang, der sich selbständig multipliziert. Anders gesagt, Sie sind jetzt tatsächlich reif für den Weg nach oben, für mehr Erfolg und mehr Geld. Morsen Sie Ihre Wünsche in den Himmel – er wird sie Ihnen erfüllen. Auch, wenn Sie nicht mehr berufstätig sind, kommen Sie voll in den Genuss Ihrer tollen Sterne. Nehmen Sie sich unbedingt eine lange Reise in Ihr Traumland für den Herbst vor. Sie werden sich wie im Paradies vorkommen. Jupiter zieht bis Ende Mai durch den Stier. Dieses Zeichen wird schon immer mit Reichtum, Gewinn, Geschenke und günstigen Darlehen in Verbindung gebracht. Es gibt zwar keine Garantie für den goldenen Treffer, aber vielleicht gehören Sie zu den ganz großen Glückskindern. Sicher bringt Jupiter Ruhe in Ihr Leben, und das Zeichen Stier kommt wie ein Frühlingsregen über Ihr Leben. Alles wächst, stimmt, ist vollendet, schafft

Zufriedenheit. So lange Jupiter im Tierkreiszeichen Stier steht, kann sich auch Uranus, der ebenfalls in diesem Abschnitt verweilt, viel stärker bemerkbar machen. Jetzt können Sie auch umziehen und sogar Ihren Beruf wechseln. Veränderungen sind jetzt keine Angelegenheiten mehr, die Ihnen den Schlaf rauben, sondern die Sie sogar begrüßen. Solange Jupiter im Stier steht, wird es Ihnen auf jeden Fall an nichts mangeln. Am 25. Mai wechselt dieser Jupiter das Zeichen und betritt die Zwillinge. Jetzt kommen Sie in Schwung. Man könnte sagen, Sie werden wieder jung, unternehmungslustig und dem Leben gegenüber aufgeschlossen.

CHARAKTER	Ernst, zuverlässig, ehrgeizig
PERSÖNLICHES AUFTRETEN	Zurückhaltend, diszipliniert
FÜHLEN	Kontrolliert, treu
STEIN	Edel-Onyx
TIER	Kamel
PFLANZE	Kaktus
BESTER TAG	Samstag

JANUAR

♥ ***Liebe*** Durch Mars im Steinbock werden Sie tiefes Glück empfinden, wenn Sie gemeinsam mit Ihrem Partner eine Situation gemeistert haben. Sogar die Singles suchen sich jetzt instinktiv jene Menschen aus, die nicht so leicht zu knacken und zu handeln sind. Warum? Weil es spannend ist, diesen Menschen zu erobern. Für das Monatsende steht eine ganz besonders vielversprechende Begegnung in Ihrem Astroprogramm

Erfolg Mars im Steinbock weckt Sehnsucht nach Wertschätzung. Kriegen Sie davon viel, wird Geld zur Nebensache. Unzufriedene Steinböcke sollten nach Aufgaben suchen, die nachhaltig sind, die in einem Ergebnis enden. Das brauchen Sie, um sich selbst zu messen. Erst wenn Sie sehen können, was Sie geleistet haben, sind Sie zufrieden.

Gut für Gute Leistung

☹ ***Schlecht für*** Gleichgültigkeit

✦ ***Die besten Sternepartner*** Steinbock, Jungfrau, Stier

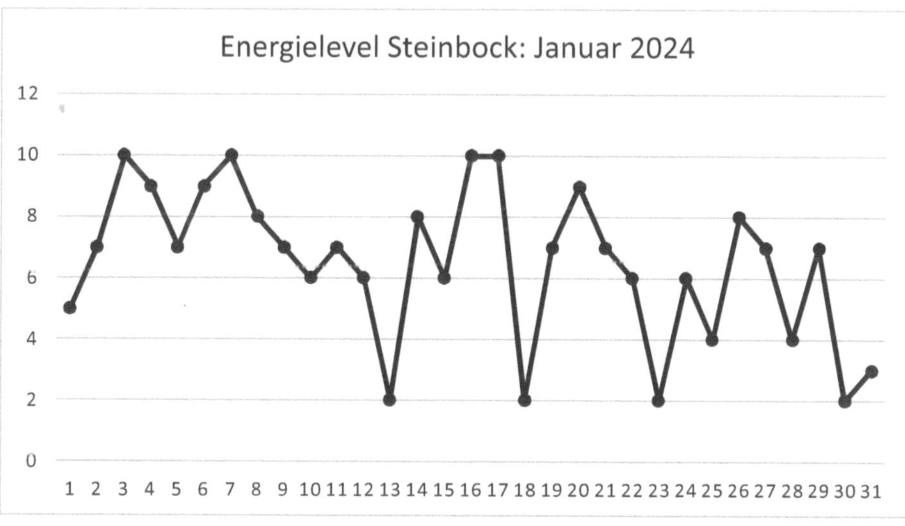

FEBRUAR

Liebe Mars und Venus versprechen Amüsement. Das muss nicht gleich eine leidenschaftliche Liebesgeschichte sein, aber seien Sie offen für Fröhlichkeit und Liebe. In der zweiten Hälfte des Monats wird es ruhiger. Jetzt steht ohnehin die Arbeit an erster Stelle

Erfolg Saturn und Neptun stehen im Zeichen Fische. Zunächst einmal wird da Routine verlangt. Das bedeutet auch, dass Sie sich auf nichts einlassen sollen, was nicht hieb- und nagelfest ist. Auf der anderen Seite könnten die Sterne aber auch mit einer Überraschung aufwarten. Das setzt allerdings voraus, dass Sie sich nicht festlegen, sondern offen sind für die Einfälle des Lebens. Wunder sind nur möglich, wenn man dafür offen ist.

Gut für Offen sein

Schlecht für Das ewige Gleichen

Die besten Sternepartner Krebs

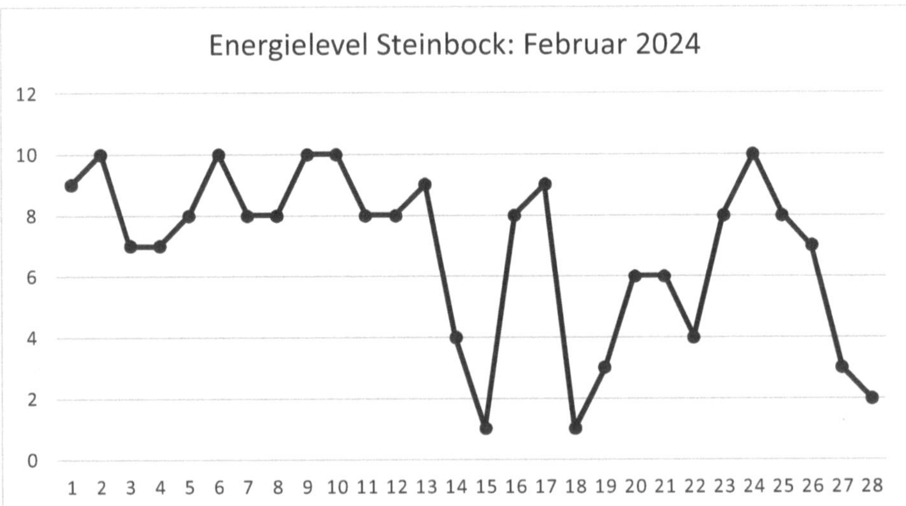

MÄRZ

Liebe Venus steht bis zum 12. März super und versteht sich bestens mit anderen Gestirnen. Damit haben Sie freie Fahrt in der Liebe. Vor allem für Singles sind die Chancen großartig. Vor allem rund um den Vollmond am 25. März steht eine riesengroße Überraschung in Ihren Sternen

Erfolg Die Sonne verleiht Ihnen im März viel Kraft, weckt ein Gespür für Macht und verrät Wege, wie man sie erlangt. Sie werden am Ende des Monats bestimmt nicht an der gleichen Stelle sein wie heute, sondern weiter oben. Wahrscheinlich verdienen Sie auch mehr Geld oder freuen sich über eine andere Überraschung.

Gut für Liebe und Leidenschaft

Schlecht für Pessimismus

Die besten Sternepartner Krebs, Skorpion

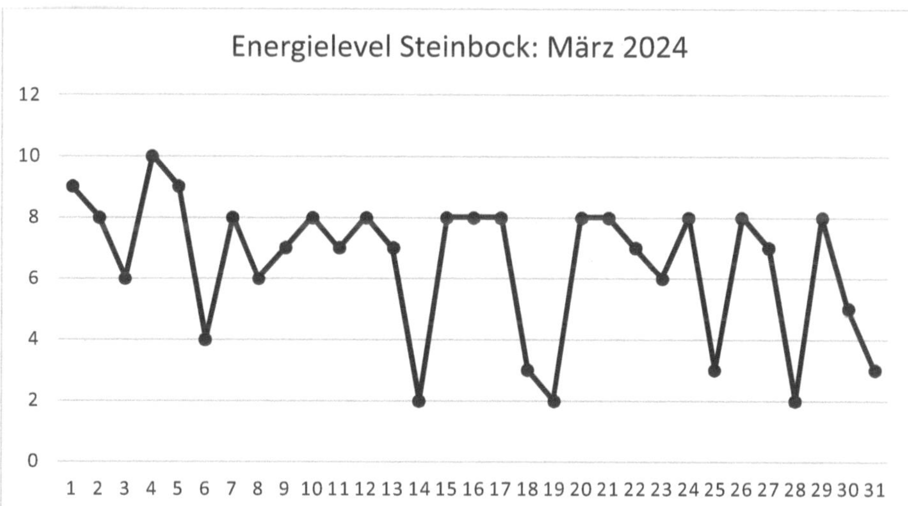

APRIL

♥ ***Liebe*** Mars und Saturn stehen auf Ihrer Seite. Das verleiht geheimnisvolle Kraft. Damit können Sie andere verführen, sie regelrecht an sich binden. Da müssen Sie nicht einmal groß aktiv werden. Passen Sie also auf im Umgang mit anderen Menschen!

Erfolg Ihre Aussichten für ein erfolgreiches Berufsleben sind mehr als durchschnittlich. Was Sie wissen müssen, ist, dass Saturn im Tierkreiszeichen Fische steht und eine Verbindung mit Venus eingeht. Das verlangt Geradlinigkeit und Ehrlichkeit. Aber das sind ja ohnehin Kardinalstugenden eines Steinbocks. Besonders vielversprechend sind Ihre Sterne am 24. April. Zeigen Sie jetzt, was Sie können, und bitte bloß nicht bescheiden sein!

Gut für Ehrlichkeit

☹ ***Schlecht für*** Ungenauigkeit

✦ ***Die besten Sternepartner*** Jungfrau, Steinbock, Skorpion

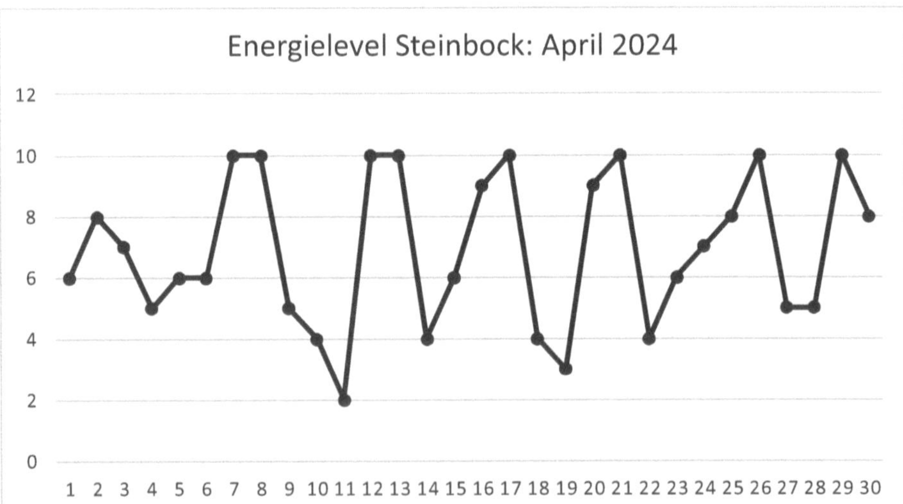

MAI

Liebe Dieser Monat und ein bisschen Glück bringen Ihnen das, wonach Sie sich schon immer sehnen. Vielleicht fehlt Ihnen immer noch der Mensch an Ihrer Seite, mit dem das Leben besser läuft. Egal, was es ist, gehen Sie davon aus, dass die Sterne Ihnen jetzt Ihren Wunsch erfüllen. Seien Sie bloß nicht gleich maßlos, denn Saturn ist stark und erfüllt nur solche Wünsche, die Sie auch wirklich verdienen.

Erfolg Der Regent des Jahres, die Sonne gemeinsam mit Jupiter, Venus, Uranus und Merkur stehen zu Diensten. Mit anderen Worten, Sie haben fabelhafte Aussicht. Sie sollten sich auch wirklich etwas Großes und Wichtiges vornehmen. Jetzt können Sie initiativ werden, etwas Neues einbringen, sich zeigen und behaupten: Es wird gelingen.

Gut für Freude und Glück

Schlecht für Zweifel und Schwarz sehen

Die besten Sternepartner Krebs, Fische

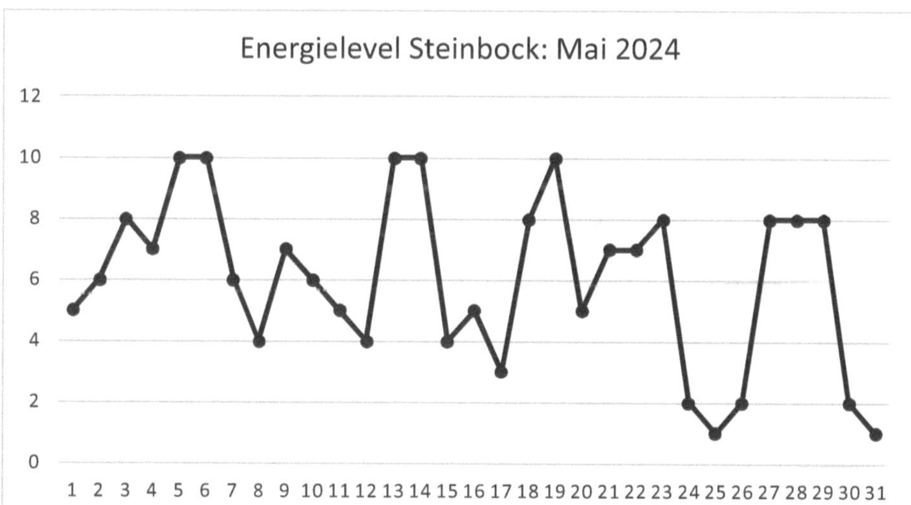

JUNI

Liebe Am 10. Juni bezieht Mars eine günstige Position. Das löst bei Ihnen eine riesengroße Lust auf Liebe aus. Wenn Sie Glück haben, erleben Sie eine großartige Liebesgeschichte. Haben Sie Pech, müssen Sie bis zum 18. des Monats warten. Da nimmt Sie der Venus an der Hand und führt Sie direkt ins Land der Liebe.

Erfolg Uranus steht im Zeichen Stier und damit im freundlichen Trigon zu Ihrem Sternzeichen. Saturn und Neptun wiederum bilden ein Sextil. Da macht das Leben Laune, was durchaus als Aufforderung verstanden werden kann, einmal weniger zu arbeiten oder, noch viel besser, gleich in den Urlaub zu fahren. Ab dem 20. verändert sich die kosmische Lage und jetzt kommen Sie auch beruflich wieder flott voran.

Gut für Freude

Schlecht für Pessimismus

Die besten Sternepartner Steinbock, Jungfrau

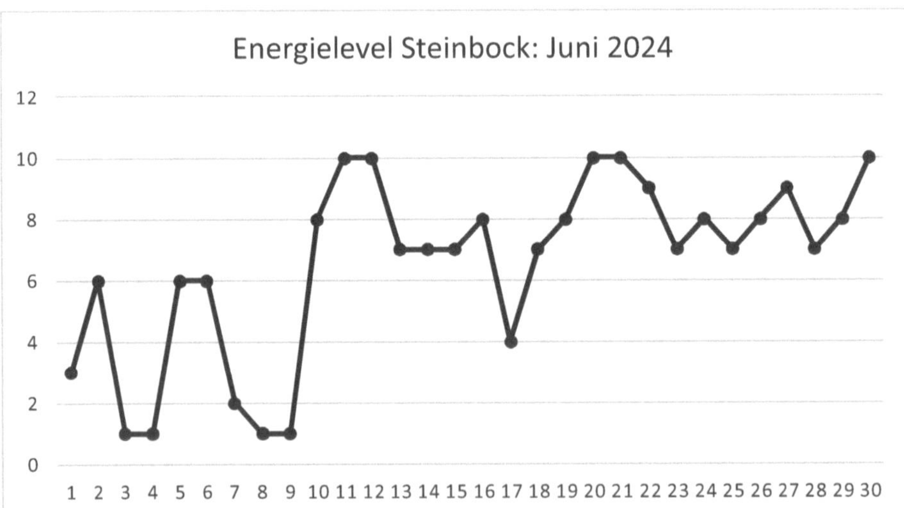

JULI

Liebe Die Sonne steht in den ersten drei Juliwochen im Tierkreiszeichen Krebs und verbreitet Gefühl. Haben Sie auch etwas davon? Es ist so: Sie geben sich bekanntlich nach außen hin eher kühl, bedeckt, vorsichtig. Ihr Motto: Es soll doch nicht jeder sofort Ihre Gefühle erkennen und womöglich mit ihnen spielen! Aber es gibt diese großen Gefühle in Ihnen. Jetzt, im Juli, sind sie besonders stark. Gut möglich, dass Sie eine schöne Erfahrung machen.

Erfolg Die Sonne regierte das Jahr, und jetzt bezieht sie Position im Sternzeichen im Krebs. Das kann Ihnen auch beruflich helfen. Sie sind nämlich jetzt ganz automatisch freundlicher, oder einfach gesagt, ein angenehmer Mensch. Insbesondere, wenn Sie im Verkauf tätig sind, kommt das super an.

Gut für Offenheit

Schlecht für Verstecken

Die besten Sternepartner Krebs, Skorpion

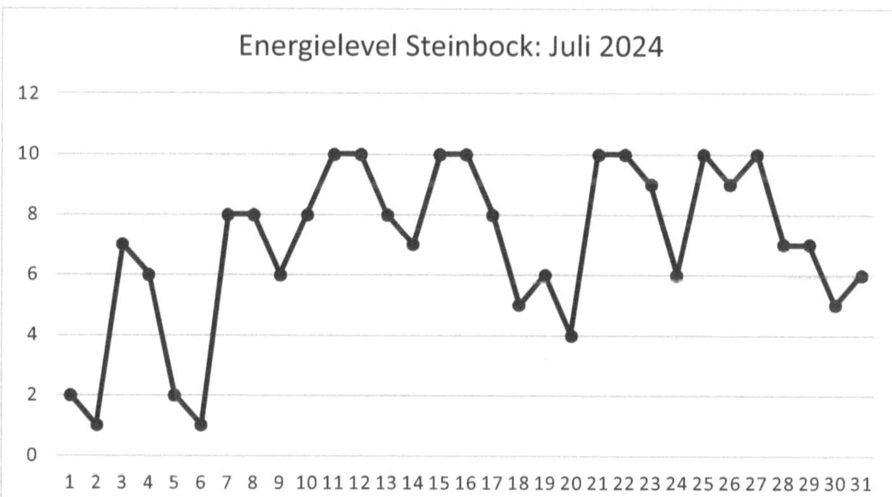

Ihre ganz persönlichen Sterne im

AUGUST

Liebe Im August ist man verrückt nach Ihnen – vor allem, wenn Sie Single sind. Der Grund: Ihr Herrscherplanet Saturn steht im Zeichen Fische und verbindet sich mit dem Liebesplaneten Venus in der Jungfrau. Paare nehmen sich selbst mehr Freiheiten, gestehen diese aber auch dem Partner zu. Und in der zweiten Hälfte des Monats verkünden die Sterne die Begegnung mit einer Person, die Ihrem Idealbild entspricht.

Erfolg Der September ist schon immer ein guter Monat für berufliches Weiterkommen. Lassen Sie sich ruhig auch von Neptun im Tierkreiszeichen Fische in Bereichen führen, die Ihnen noch unbekannt sind.

Gut für Liebe

Schlecht für Allein bleiben

Die besten Sternepartner Jungfrau, Steinbock

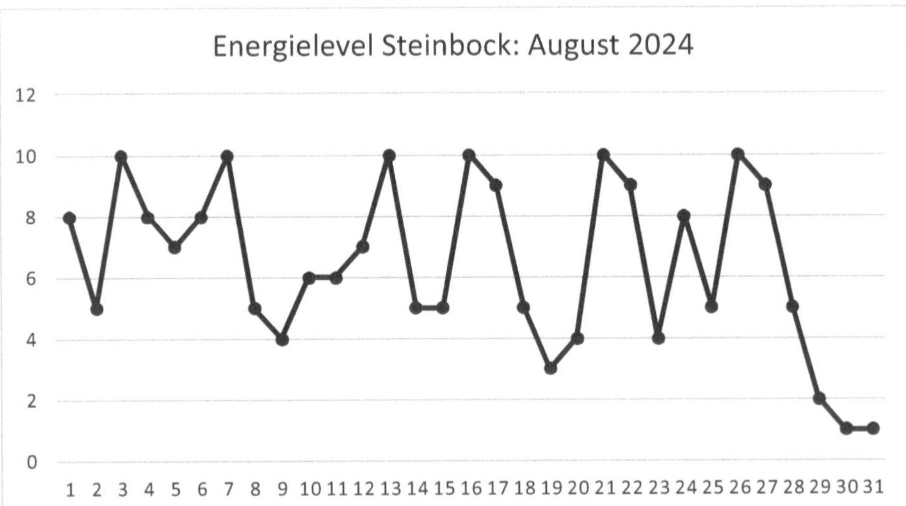

Ihre ganz persönlichen Sterne im

SEPTEMBER

♥ ***Liebe*** Im September beherrschen Sie das Wechselspiel aus Nähe und Abstand virtuos. Wobei Sie äußerst fair sind: Was Sie dürfen, ist auch dem anderen gestattet. Ergebnis? Die Beziehung wird stabiler, reifer, fester. Sie haben Ihr Patentrezept gefunden. Was immer Ihnen wichtig ist, kommt voran: Ungelöste Probleme werden erledigt, Spannungen beseitigt und Hindernisse aus der Welt geschafft. Sie müssen nur daran glauben. Gedanken bewirken manchmal Wunder.

Erfolg Im September werden Sie selbstbewusster und zugleich auch gelassen. Rückschläge? Fehler? Das alles kann man ändern. Obendrein macht Arbeit wieder richtig Spaß, weil Sie sich im Team engagieren und Kollegen als Freunde sehen. Einer für alle, alle für einen!

Gut für Optimismus

Schlecht für Am Leben zweifeln

Die besten Sternepartner Stier

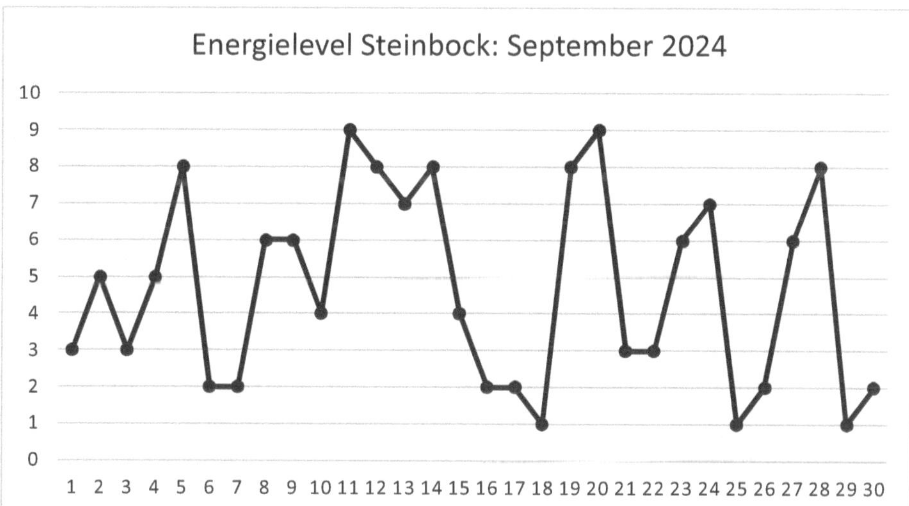

OKTOBER

♥ ***Liebe*** Die Liebesplaneten Venus und Mars konzentrieren sich im Oktober völlig auf Sie. Die Wahrscheinlichkeit, sich zu verlieben, ist damit riesengroß – allerdings bleibt offen, ob in Ihren alten oder einen neuen Partner. Seien Sie auf jeden Fall bereit für eine Überraschung rund um den Vollmond am 18. Oktober!

🏆 ***Erfolg*** Im Oktober können Sie arbeiten wie ein Pferd. Nutzen Sie Ihre Power; fürs Business stehen nämlich vielsagende Termine in Ihrem Horoskop! Wie erfolgreich Sie schlussendlich sind, hängt allerdings auch von Ihrem Verhandlungsgeschick ab. Weder mit starrer Beharrlichkeit noch mit übertriebener Nachgiebigkeit machen Sie den Stich. Gehen Sie den Weg genau in der Mitte!

👍 ***Gut für*** Eine neue Liebe

☹ ***Schlecht für*** Mutlosigkeit

✨ ***Die besten Sternepartner*** Stier, Fische

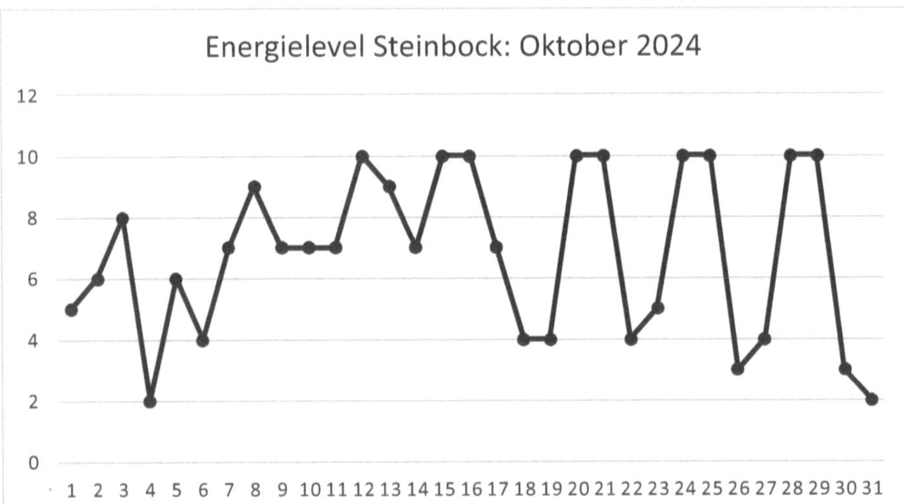

NOVEMBER

Liebe Am 12. November zieht Venus in Ihr Sternzeichen Steinbock ein: Da formiert sich am Himmel eine mächtige, magische Konstellation, in deren Brennpunkt Sie sich befinden. Die Folgen: Sturm in der Liebe, Chancen auf Jahrhundertbegegnungen, Leidenschaft, Glück und unter Umständen auf Nachwuchs. Ihr aller bester Tag ist der 17. November. Da begegnen sich Venus und der Mond. Ruth das ist ein Zeichen für Wunder.

Erfolg Es existiert ein kleines Problem: an manchen Tagen werden Sie schnell nervös und geraten in Null Komma nichts auf die Palme. Der Grund: Sie setzen sich zu sehr unter Druck und bräuchten gescheiter eine Pause. Ihre beste Zeit liegt zwischen dem 10. und dem 20. November.

Gut für Glück in der Liebe

Schlecht für nicht an sich glauben

Die besten Sternepartner Jungfrau, Krebs, Skorpion, Fische

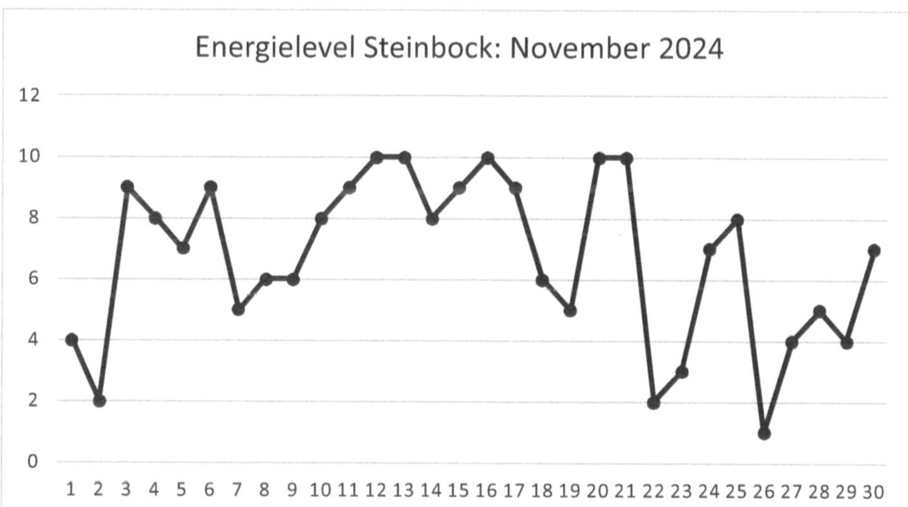

DEZEMBER

Liebe Bis zum Jahresende dürfen Sie entspannen, faul sein und genießen. Die Sterne sorgen dafür, dass Sie dabei nicht allein sind. Ihr Liebesthermometer ist zwar nicht gerade sensationell, aber es reicht für süße Abenteuer im Reich der Sinne. Ganz besonderes Glück haben Sie, wenn Sie über Weihnachten eine Reise unternehmen. Jeder Kilometer von zu Hause weg steigert Ihre Chancen beim anderen Geschlecht.

Erfolg Im Job bekommen Sie eine tolle Gelegenheit, sich zu profilieren. Aber ab der Monatsmitte ist jeder Ehrgeiz vergebens: Erledigen Sie, was getan werden muss! Ansonsten heißt es sich schonen und mit gesunder, vitaminreicher Kost ernähren! Sie sind nämlich gerade bevorzugtes Opfer von Erkältungen. Für die Weihnachtsfeiertage gönnen Sie sich heuer einmal viel Ruhe und Gelassenheit.

Gut für positiv denken

Schlecht für Misstrauisch sein

Die besten Sternepartner Steinbock

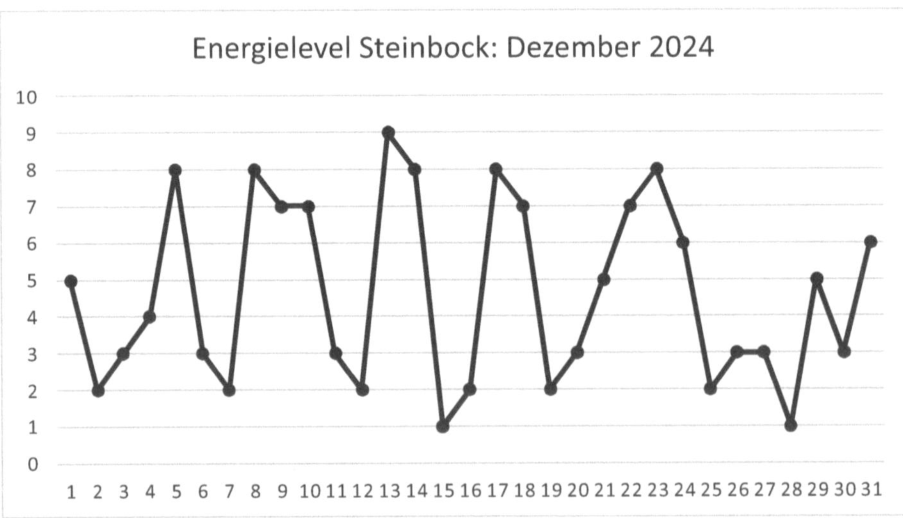

WASSERMANN

(21. Januar bis 19. Februar)

Die Sonne regiert das Jahr. Sie stärkt Ihre leichte Seite. Es ging Ihnen schon lange nicht mehr so gut. Sie macht Sie zu einem beliebten und gefragten Menschen, mit dem man gerne seine Zeit verbringt und auch zusammenarbeitet. Viel Gutes kommt von Jupiter, dem Glücksplaneten, der ab dem 25. Mai an Ihrer Seite steht. Woran Sie sich gewöhnen müssen, ist Pluto. Dieser Planet zieht im Januar 2024 in Ihr Sternzeichen Wassermann ein und bleibt dort die nächsten fünfzehn Jahre. Seiner Natur nach ist dieser Planet der absolute Gegenspieler zu Ihnen. Denn, Ihrer Einstellung nach soll das Gute bleiben und besser werden und, was schlechter ist, vergehen. Aber Pluto kümmert sich nicht um das Gute, sondern um das Schlechte und sorgt dafür, dass es verschwindet. Das Gute soll bleiben. Im Grunde kommt es bei beiden auf das gleiche hinaus, nämlich ein besseres Leben, aber der Weg dorthin ist verschieden, ja regelrecht entgegengesetzt. Daher: Es wird spannend im kommenden Jahr.

Was ist für Wassermänner angesagt? Einerseits alles aus ihrem Leben zu streichen, was keinen Wert hat und unwichtig ist, andererseits alles, was positiv in die Zukunft weist, zu fördern. In der Weise, wie gut Ihnen das gelingt, erfüllen Sie Ihre Aufgabe als Wassermann. Dafür müssen Sie nicht weit oben zum Beispiel in der Politik tätig sein. Jeder Wassermann, auch wenn er eine noch so scheinbar unwichtige Arbeit ausführt, trägt 2024 dazu bei, wie es mit dieser Welt weitergeht und ob sie überhaupt eine Zukunft hat.

LIEBE

Pluto in Ihrem Sternzeichen macht sich auch in Ihrem Liebesleben bemerkbar. Dem Regenten des Jahres, der Sonne, haben Sie es zu verdanken, dass sich Ihre Wirkung auf das andere Geschlecht enorm verstärkt.

Als Single dürfen Sie das alles ungeniert genießen und erleben, wenn die Neueroberung Ihnen gefällt, auch öfters als sonst, eine wunderbare gemeinsame Nacht. Ob daraus eine feste Beziehung wird, hängt dann nicht nur von den Sternen ab, sondern auch von Ihnen. Turbulent sieht es bei Wassermännern aus, die bereits in festen Händen sind. Der Grund: Sie flirten wie wild und das, während zu Hause jemand auf sie wartet. Da kann es natürlich auch manchmal heftig knistern vielleicht sogar krachen. In jedem Fall, Ihr Liebesleben wird frischer, frecher und verwegener. Früher oder später wird Ihnen Pluto die Frage stellen, ob Ihre Liebe stimmig ist: Profitieren Sie von einander? Kann das positive stärker werden, und schwächt sich das negative ab? Ist es richtig, in dieser Beziehung zu bleiben? Es gibt 2024 bestimmt nicht weniger Wassermännern, die aus ihrer Partnerschaft aussteigen, weil sie nicht einverstanden sind, so wie es läuft. Und es gibt 2024 viele Wassermänner, die lieber Single bleiben oder mit einer Partnerschaft unter Gleichgesinnten zufrieden sind.

Sonne, Jupiter, Pluto:
Dein mystisches Jahr voller Möglichkeiten

KARRIERE

Mit Sonne und ab Juli Jupiter steht ein tolles Duett auf Ihrer Seite. Das Glück begegnet Ihnen auf Schritt und Tritt, ist aber auch nicht selbstverständlich. Sie müssen Ihre Kräfte mobilisieren, um zu beweisen, was Sie können. Ihre Sterne machen Sie mutiger, erfindungsreicher, selbstbewusster in gewisser Weise sogar ein bisschen genial. Aber die nötige Disziplin, um bis zum Ziel einer Sache dranzubleiben, muss von Ihnen kommen. Dafür braucht es Saturn. Dieser wichtige Stern, der vor der Entdeckung von Uranus Ihr Herrscherplanet war, hält sich 2024 im Tierkreiszeichen Fische auf. Damit reicht es nicht, wenn Sie viel Geld verdienen, gut wohnen und gut leben, sondern wenn Ihre Arbeit Sinn macht.

Das trifft sich, wie zuvor gesagt, mit der Absicht von Pluto. Sie kommen also 2024 nicht umhin, sich immer wieder zu fragen, wie sinnvoll Ihr Leben ist. Was Sie nicht vergessen oder verdrängen dürfen ist, dass Sie als Wassermann mit verantwortlich sind, wie es mit unserer Welt weitergeht.

Sollten Sie einen Wohnungswechsel erwägen oder eine neue Arbeit suchen, sollten Sie erst ab Juni aktiv werden. Da steht Jupiter stark. Am meisten Kraft haben Sie im August und in d er zweiten Novemberhälfte.

CHARAKTER	Frei, energisch, fortschrittlich
PERSÖNLICHES AUFTRETEN	Unabhängig, idealistisch
FÜHLEN	Urwüchsig, elementar
STEIN	Bernstein
TIER	Papagei
PFLANZE	Orchidee
BESTER TAG	Samstag

JANUAR

♥ ***Liebe*** Der Liebesplanet Venus steht bis zum 23. des Monats im Sternzeichen Schütze. und zaubert eine Magie, die Wunder möglich macht, dass Sie nicht einfach „nur" geliebt, sondern auch verstanden werden. Zu schön, um wahr zu sein? Vielleicht! Aber Glücksmomente wie diese sind für Sie im Januar durchaus angesagt.

Erfolg Am 5. Januar zieht Mars im Sternzeichen Steinbock ein. Das wird Sie ganz bestimmt dazu ermuntern einen Vorstoß im Beruf zu wagen: Richtig so! Die Sterne nicken, das bedeutet, dass Sie erfolgreich sind. Vorsicht zum Monatsende: Ganz genau sein!

Gut für Die Chancen auskosten

☹ ***Schlecht für*** Selbstzweifel

✦ ***Die besten Sternepartner*** Löwe, Waage, Schütze

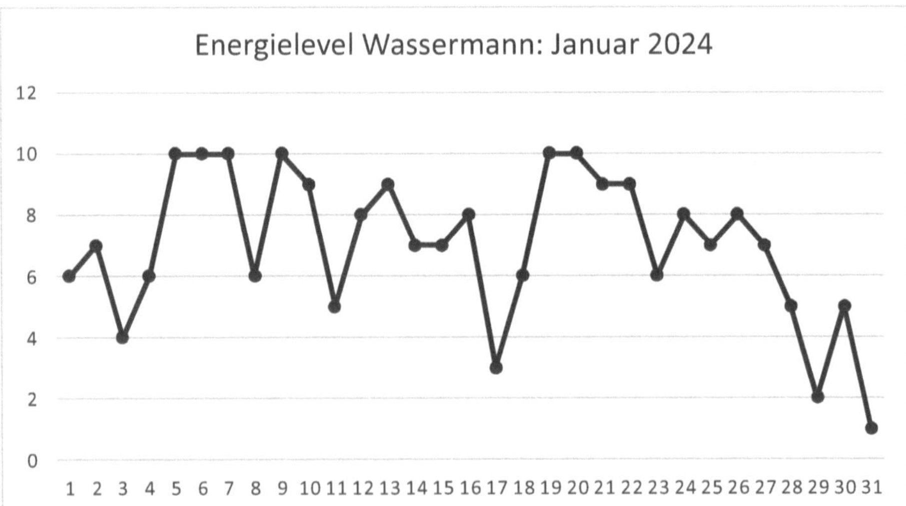

FEBRUAR

Jetzt befindet sich Pluto im Sternzeichen Wassermann, wo er beinahe 20 Jahre bleibt. Da ist es bestimmt nicht falsch, sich jetzt schon darauf einzustellen: Pluto verlangt Veränderung. Es heißt, Gewohnheiten loszulassen, um dadurch Neuem, Besserem Platz zu machen.

♥ ***Liebe*** Richtig warm werden Sie nicht. Selbst Ihre Geburtstagsfeier schafft keine Rekorde. Aber vielleicht haben Sie Spaß auf einer Faschingsfeier. In der zweiten Monatshälfte sehen Ihre Sterne für die Liebe viel besser aus. Jetzt sind sogar kleine Wunder möglich. Für manche unter Ihnen liegt eine Gehaltsaufbesserung in der Luft.

Erfolg Lassen Sie sich im Februar zu keinem Geschäft hinreißen, das viel verspricht, aber letztendlich nichts bringt. Mit anderen Worten: Seien Sie vorsichtig und vor allem bescheiden.

Gut für Viel Zeit für sich nehmen

☹ ***Schlecht für*** Gleichgültigkeit

✨ ***Die besten Sternepartner*** Wassermann, Löwe

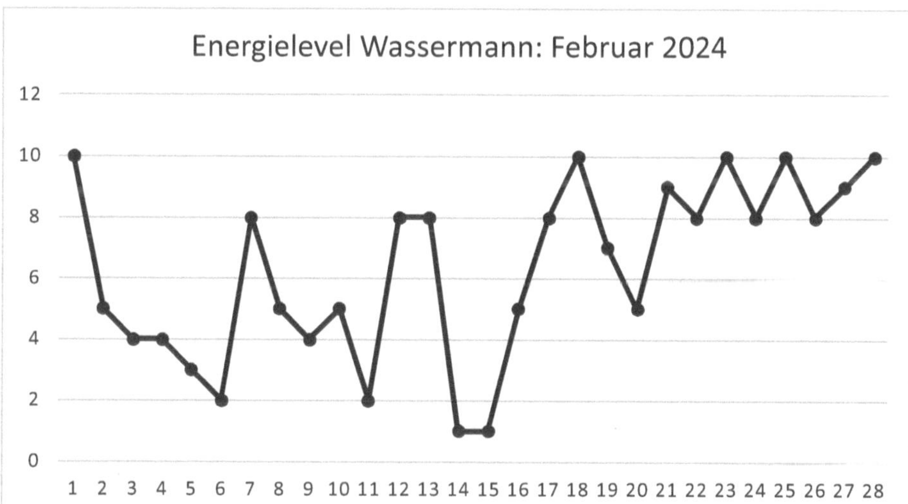

MÄRZ

♥ ***Liebe*** Mars und Venus ziehen bis zum 10. März gemeinsam durch Ihr Zeichen Wassermann. Damit stehen unterhaltsame Begegnungen, aber durch aus auch Liebe und Leidenschaft in den Sternen. Die besseren Aussichten sind allerdings den ersten zwei Wochen.

Erfolg Auch hier sieht es nicht schlecht aus. Mars und Venus machen Sie erfinderisch. Das kann sich ohne weiteres in einem Geschäft niederschlagen. Aufpassen müssen Sie rund um den 17. März: Ihre Sterne meinen, dass Sie sich ganz leicht täuschen.

Gut für Grünes Licht für einen Vorstoß im Beruf.

☹ ***Schlecht für*** Sich den Mut nehmen lassen.

✦ ***Die besten Sternepartner*** Wassermann, Zwillinge, Schütze, Löwe

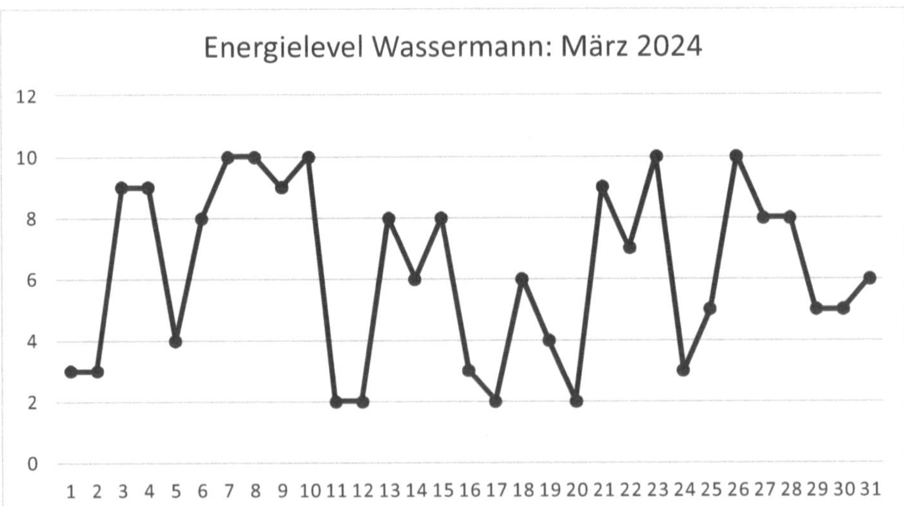

Ihre ganz persönlichen Sterne im

APRIL

Liebe Für die Liebe sieht es gut aus im April. Auch in Beziehungen, die die letzten Jahre über vom Sturm gebeutelt wurden, kehrt jetzt Ruhe, Frieden und Liebe ein. Den Singles unter Ihnen winken interessante Begegnungen – durchaus auch mit der Chance auf eine Partnerschaft. Besonders interessant wäre ein Mensch mit dem gleichen Sternzeichen wie das Ihrige, also Wassermann

Erfolg Sie müssen jetzt berücksichtigen, dass Mars im Tierkreiszeichen Fische steht und sich mit Saturn verbindet: da wird Klugheit und Geschicklichkeit verlangt. Mit der „Hauruck-Methode" fahren Sie ganz schlecht. Rund um die Monatsmitte müssen Sie bereit sein für eine Veränderung, auch wenn Sie nicht wissen, wie es ausgeht.

Gut für An sich selber glauben

Schlecht für Den Mut verlieren

Die besten Sternepartner Wassermann, Löwe, Widder

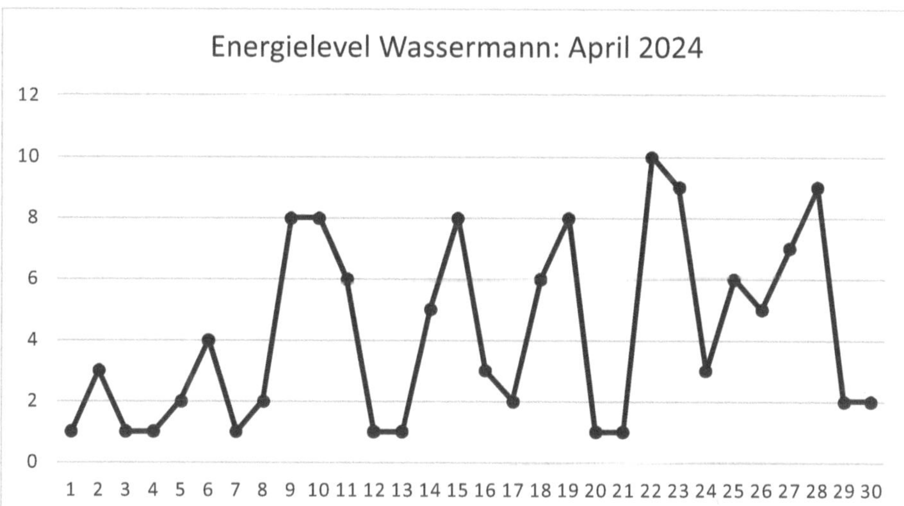

MAI

Liebe Planet Mars treibt Sie an. Das ist aber sehr angenehm, denn Ihr Leben bekommt Schwung. Venus sorgt dafür, dass Sie ganz automatisch nach dem Schönen Ausschau halten. Nicht wenige unter Ihnen werden dabei dem Menschen begegnen, der zu Ihrem Leben passt. Sie werden glücklich sein. Jetzt entstehen lebenslange Partnerschaften.

Erfolg Bis zum 20. des Monats befindet sich die Sonne im Tierkreiszeichen Stier. Damit steht auch das Thema Finanzen an erster Stelle. Gut möglich, dass Sie sich Sorgen machen. Ab dem 20. dann wird es besser, denn jetzt verbindet sich die Sonne mit Jupiter und vertreibt alle Sorgen ums Geld. Haben Sie Vertrauen!

Gut für Neues Lebensgefühl

Schlecht für Nicht an das Gute glauben, pessimistisch sein, resignieren.

Die besten Sternepartner Wassermann, Löwe

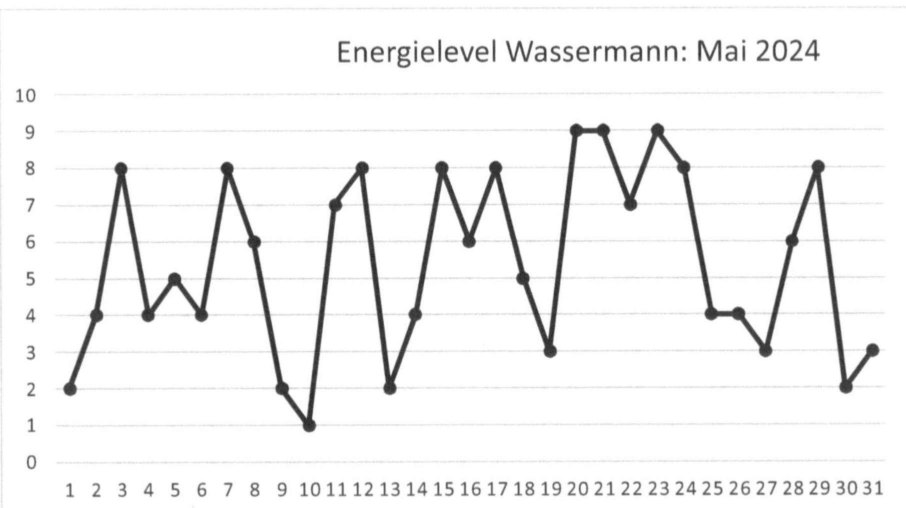

JUNI

Liebe Sie brauchen einen Menschen, der wie Sie stark und motiviert ist. Das kann auch einmal bedeuten, dass Sie den Menschen verlassen, mit dem Sie jetzt zusammenleben, weil er Ihnen nicht gewachsen ist. Dann werden Sie einen neuen Partner bekommen. Sind Sie Single, werden Sie einen Menschen finden, welcher der Richtige ist. Mit ihm werden Sie Ihre Aufgabe meistern. Gemeinsam werden Sie zum Gipfel steigen.

Erfolg Jupiter, Merkur, die Sonne und Venus stehen Ihrem Sternzeichen gegenüber. Damit besitzt dieser Monat großes Potenzial. Sie werden etwas hervorbringen. In Ihnen steckt Bedeutsamkeit. Sie können im Beruf eine neue Position finden, die deutlich besser ist als Ihre jetzige.

Gut für An sich glauben

Schlecht für Sich nicht mit der Vergangenheit beschäftigen. Sich verschließen.

Die besten Sternepartner Löwe, Zwillinge, Schütze

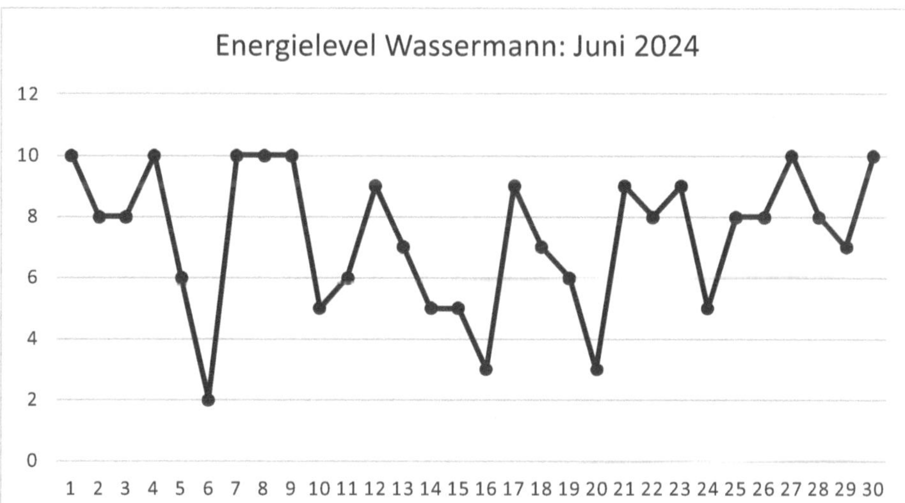

Ihre ganz persönlichen Sterne im

JULI

♥ ***Liebe*** Was die Liebe angeht, garantieren bis zum 20. des Monats Sonne und Venus eine Zeit der Superlative. Die Affären sind süß und die dazugehörigen Partner charmant, sensibel, bindungswillig, aber nicht klebend. Fazit: Ein Liebesleben wie aus dem Bilderbuch. An den letzten zehn Julitagen wird es auch ohne Liebe sehr schön.

Erfolg Glücksplanet Jupiter, nimmt im Juli eine phantastische Position ein. Er räumt Hürden und Hindernisse aus dem Weg. Denjenigen unter Ihnen, die auf eine berufliche Verbesserung warten, wird dieser Jupiter ganz bestimmt eine Hilfe sein. Sie können glücklich werden. Vertrauen Sie Ihrem künftigen Schicksal!

Gut für Liebe, die glücklich macht

☹ ***Schlecht für*** Zu kritisch sein

Die besten Sternepartner Löwe

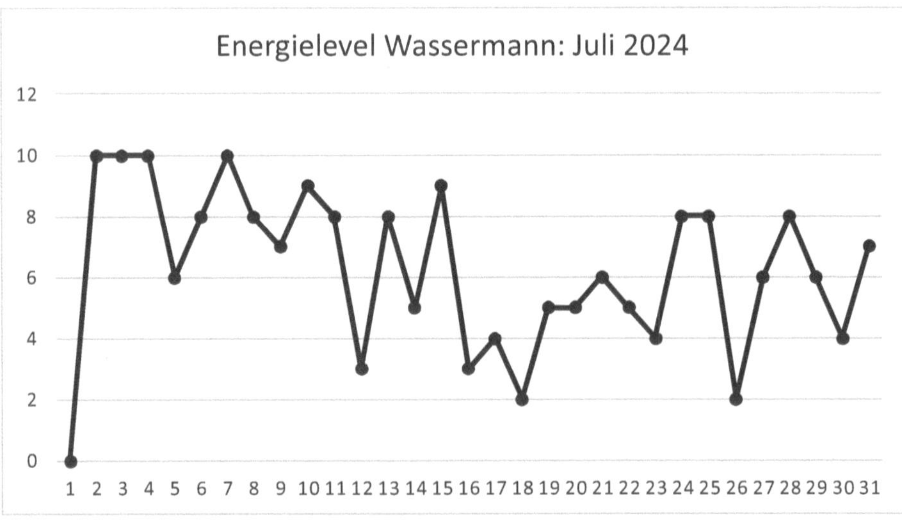

AUGUST

Liebe Die Sonne, Regent des Jahres und auch des Monats August, schenkt Ihnen Liebe zu sich selbst. Freundschaften profitieren ebenso wie feste Partnerschaften. Ihre Beziehung zueinander wird reifer, tiefer, beständiger. Auch die Singles gehen lebensfroh durchs Leben. Fixe Beziehung? Oh Gott, wie spießig! Es geht schließlich auch ohne Verpflichtung.

Erfolg Im August brauchen Sie mehr Pausen. Ein Wassermann, der dauerhaft zu viel arbeitet, dann auch noch in der Freizeit wunder wie aktiv ist, bringt auf Dauer nichts mehr. Nennen Sie es wie Sie wollen: ein Kuschel-, Honeymoon-, Verwöhnwochenende weckt neue Lebensgeister. Gehen Sie viel spazieren, lesen Sie, trinken Sie Tee.

Gut für Glück

Schlecht für Maßlos sein

Die besten Sternepartner Wassermann, Widder, Löwe

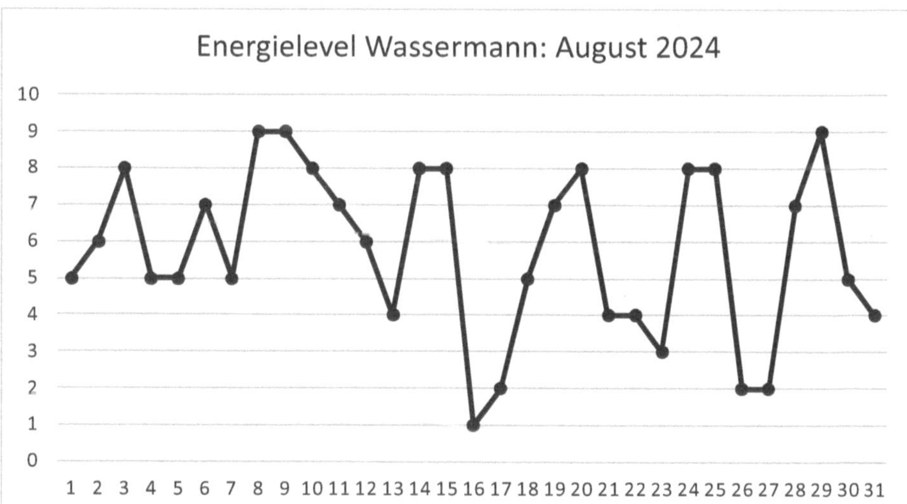

SEPTEMBER

♥ ***Liebe*** Der Liebesplanet Venus steht im freundlichen Trigon zu Ihrem Sternzeichen. Da sehnen sich sogar eingefleischte Singles nach einem Partner und sind gerne bereit, Freiheit und Unabhängigkeit an den Nagel zu hängen. Chancen gibt es im September genug. Auch Paaren ist Liebe sicher. Sie investieren viel und verwöhnen Ihren Partner.

Erfolg Pluto, der große Transformator, steht in Ihrem Sternzeichen und bringt versteckte Talente zum Vorschein, kitzelt Potenziale wach, die in Ihnen schlummern. Sie verändern sich und staunen selbst über Ihre Ressourcen. Magie? Zufall? Schicksal? Nennen Sie es, wie Sie es wollen. Hauptsache, Sie sind dankbar, dass es neue Möglichkeiten gibt.

Gut für Zukunftsplanung

☹ ***Schlecht für*** Pessimismus

Die besten Sternepartner Löwe, Wassermann

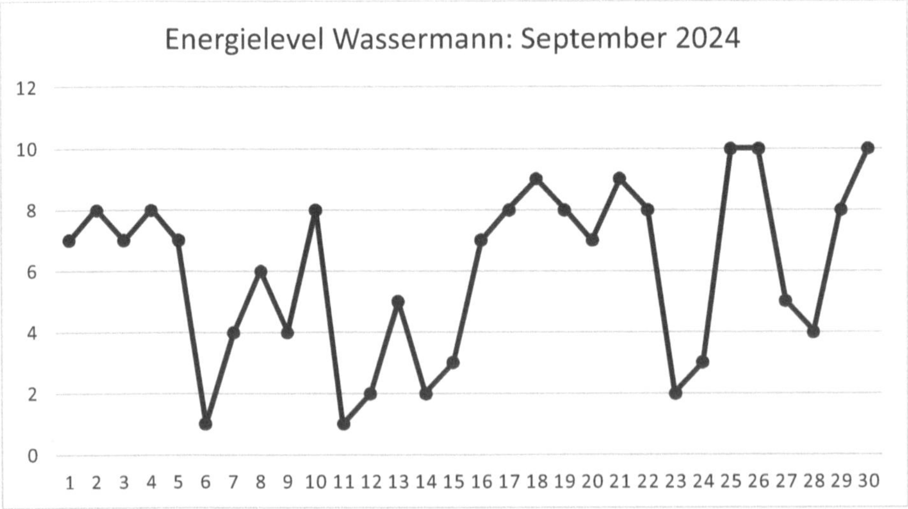

OKTOBER

Liebe So, wie IhreSterne stehen, können Sie sich im Oktober leicht täuschen. Da sind Sie gut beraten, wenn Sie Ihren Kopf einsetzen und Ihren Gefühlen misstrauen. Keine Angst, es ist keine große Geschichte, aber wenn Sie das beachten, wird es leichter, und Sie machen ganz bestimmt keinen Fehler.

Erfolg Im Oktober wird es nichts mit lässigem Däumchen drehen. Ihre Karriere fordert alles. Halten Sie mit, dann können Sie zum Schluss lachen! Einen Hinweis gibt es extra: Die Sterne weisen darauf hin, dass Sie sich im Oktober nicht bedingungslos auf Freunde verlassen können.

Gut für Vernunft

Schlecht für Undankbarkeit

Die besten Sternepartner Löwe, Waage

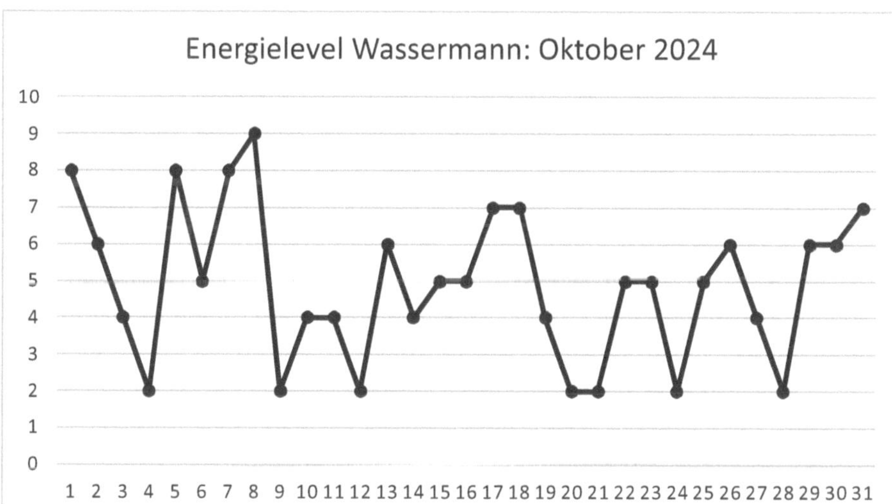

NOVEMBER

Liebe Ab der Monatsmitte sorgt Planet Mars für Herzen und damit für vielversprechende Aussichten in der Liebe. Sogar das es möglich, dass aus einer zufälligen Begegnung eine heiße Liebesgeschichte wird. Sagen Sie Ihrem Herzen, es soll unbedingt offen sein.

Erfolg Im November klappt vieles, wenn Sie bei sich sind - und wenig, wenn Sie Ihre Mitte verlieren. Pausieren Sie öfters, nehmen Sie sich Zeit und sammeln Sie sich! Das gilt besonders für die Neumondphase um den 1. des Monats. Noch Tage danach sind Sie schlaff und leicht zerbrechlich. Ab dem 20. verschaffen Ihnen die Sterne einen starken Monatsausklang.

Gut für Familiengründung

Schlecht für Langeweile

Die besten Sternepartner Skorpion, Fische, Wassermann

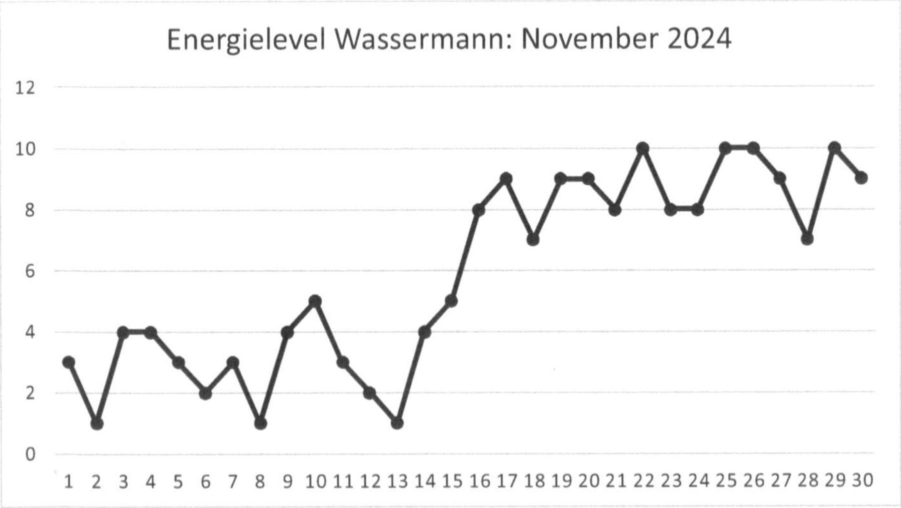

DEZEMBER

Liebe Der Sexplanet Mars bezieht eine günstige Position. Von spritzig -geistreichen Flirts bis zu beflügelnden Nächten ist alles drin, und Sie vereinigen alles, was der Mensch braucht, um begehrlich zu sein: Ausstrahlung, Selbstsicherheit und Lässigkeit. Jetzt muss die Liebe einfach klappen

Erfolg Sie sind das erfolgreichste Sternzeichen des gesamten Monats. Beförderungen, Gehaltserhöhungen und Expansionen Ihres Wirkungsbereiches liegen buchstäblich in der Luft. Der beste Zeitpunkt für einen Vorstoß im Personalbüro oder bei Ihrer Bank liegt in der Woche ab dem 7.

Gut für Große Zufriedenheit

Schlecht für Bescheidenheit

Die besten Sternepartner Wassermann, Waage, Zwillinge

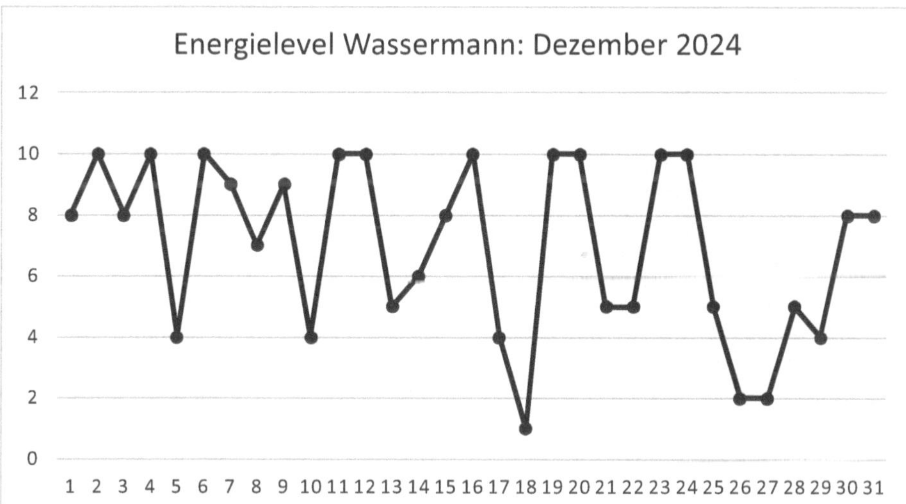

Literatur

„Kraft und Last der Familie“
Ein astrologisches
Symposium
München 2020

Erich Bauer verbindet Astrologie und systemische Familienpsychologie. Er geht davon aus, dass die Stellung der Planeten im Horoskop zueinander, im Grunde einer Familienaufstellung gleicht. Es gilt daher die Botschaften der Planeten zu entschlüsseln, um das eigene Schicksal besser zu verstehen, die Kraft der Ahnen zu nutzen und die Zukunft besser zu beeinflussen.

„Das weite Gesicht“, Roman, München 2020

Eine magische Geschichte, die uns eintauchen lässt in eine Welt, die vergangen schien. Die Erzählung nimmt uns mit auf eine Reise in ein Land, das nach seinen eigenen Regeln spielt. Obwohl diese märchenhafte Welt unserer so fern ist, nähert sie sich und wird zur Realität. Wir nehmen gerne die Einladung an, ein Stück mitzugehen Richtung Ursprung. Der Weg führt im Endeffekt auch zu uns selbst und mündet in einer befreienden Selbstresonanz. Vielleicht

ist das Leben ohnehin nur ein Traum, der vom Tod beendet wird?
die Kraft der Ahnen zu nutzen und die Zukunft besser zu beeinflussen.

„Ketten sprengen leicht gemacht", München 2019

Ein psychologisch-spiritueller Leuchtpfad. Ich bin überzeugt, dass wir unser gesamtes Leben lang einen spirituellen Begleiter haben: Er schenkt Sicherheit, Zufriedenheit und Glück. Doch ich weiß auch, dass die allermeisten Menschen das vergessen, sich Sorgen machen, Angst haben, unzufrieden, unglücklich sind. Ich zeige in diesem Buch, wie sich fast alle Herausforderungen des Lebens besiegen lassen. Mein Wissen entstammt der Psychologie, der Astrologie, verschiedenen Heilmethoden und meiner über vierzigjährigen Erfahrung.

Alle Bücher sind auf www.amazon.de erhältlich.

10 EURO

FÜR KAUF DIESES BUCHES

ZURÜCKVERDIENEN

IHR GUTSCHEINCODE FÜR 10 EURO RABATT FÜR IHR

PERSÖNLICHES HOROSKOP:

Horoskop2024

AUFTRÄGE WERDEN IM SHOP *WWW.ASTROPORTAL.COM/SHOP* ANGENOMMEN. IN DIESEM SHOP KÖNNEN SIE AUCH DEN GUTSCHEIN EINLÖSEN FÜR EIN BELIEBIGES HOROSKOP. DIESER GUTSCHEIN IST EINMALIG GÜLTIG BIS 31. DEZEMBER 2024.

Wie funktioniert das?

Ihre persönliche Zukunft: Noch zutreffender geht es nicht!
Als Dankeschön für den Erwerb dieses Buches erhalten Sie den Kaufpreis des Buches als Rabatt für die Erstellung Ihres persönlichen Jahreshoroskops. Star-Astrologe Erich Bauer analysiert gerne Ihre persönlichen Sterne. Sie erhalten Ihr persönliches Jahreshoroskop für 12 Monate plus einen Bonus-Monat gratis.
Werfen Sie einen Blick in die nächsten 12 Monate mit Ihrem persönlichen Jahreshoroskop. Für alle Aufträge gibt es als Bonus zusätzlich einen 13. Monat gratis zu Ihrer Zukunftsprognose von Erich Bauer inkl. Filmbotschaft.

Sie erhalten diesen Bonus in zwei Varianten von
Zukunfts-Analysen aus denen Sie wählen können:

Variante 1: Bewährtes Bonus-Jahreshoroskop als PDF oder als gedrucktes Buch für nur EUR 39,90 (Umfang ca. 40 Seiten) geliefert in 5 individuell für Sie erstellte Analyse-Teilen.

Variante 2: Bonus-Jahreshoroskop Premium. Es gibt wohl keine genauere Zukunftsprognose in Deutschland als das Jahreshoroskop Premium. Falls Sie einen detaillierten Blick in Ihre persönliche Zukunft werfen möchten.

https://www.astroportal.com/shop

Printed in Poland
by Amazon Fulfillment
Poland Sp. z o.o., Wrocław

26364982R00111